Bernhard Lewy

Was ist los mit Paul?

Persen

Persen Verlag

Gedruckt auf umweltbewusst gefertigtem, chlorfrei gebleichtem und alterungsbeständigem Papier.

1. Auflage 2013

Satz: Satzpunkt Ursula Ewert GmbH, Bayreuth
ISBN 978-3-403-23232-2

www.persen.de

Inhaltsverzeichnis

= Gründe für Pauls Verhalten

1. Den Morgen verflucht

Bernd kann sich noch sehr gut daran erinnern, als wäre es gestern oder vorige Woche passiert. Den ganzen Ablauf, fast jede Kleinigkeit weiß er noch. Hätte er geahnt, dass dieser Morgen für Paul offenbar der entscheidende Anstoß war, hätte er vielleicht anders gehandelt.

Der Wecker klingelt schon wieder und lauter. So laut, dass Bernd und seine Frau Anne ihn in ihrem Schlafzimmer hören können. Das war eigentlich nicht beabsichtigt. Vielleicht ist es auch ganz gut so, denkt Bernd. Ein bisschen Kontrolle ist ja auch nicht schlecht.
Die Ruhe lässt ihn nervös werden. Der Wecker ist stumm, aber wie lange? Hat Paul ihn richtig ausgemacht oder nur mit der flachen Hand draufgehauen, sodass er nach ein paar Minuten wieder anspringt? Steht er auf oder sitzt er auf seinem Bett oder hat er sich noch mal umgedreht?
Bernd fühlt sich genervt. Anne kommt scheinbar besser mit der Situation zurecht. Vor allem

nachts vor dem Einschlafen, wenn er den Rucksack von Problemen einfach nicht abwerfen kann, hört er bereits nach zwei Minuten Annes gleichmäßigen Atem.

Bernd wirft erneut einen Blick auf die leuchtenden Ziffern seiner Funkuhr, die nicht nur wecken, sondern auch recht ordentlich Musik machen kann. Ein Geburtstagsgeschenk von Paul und seinem großen Bruder Uwe.

Es ist fast sieben Uhr und Paul müsste eigentlich schon im Bad sein. „Verflucht noch mal“, presst er leise heraus. „Toller Morgen!“

Bernd spürt, wie seine Stimmung immer mieser wird, zumal heute der einzige Tag in der Woche ist, an dem er erst zur dritten Stunde Unterricht hat. Bernd ist Lehrer für Sport und Deutsch an einer Sekundarschule.

„Wann muss er denn gehen?“, fragt Anne, die nun richtig wach geworden ist. „Er muss die Bahn um zehn vor halb bekommen“, erwidert Bernd, der mittlerweile aufgestanden ist und nun die Tür hinter sich zumacht.

Im Flur bleibt Bernd erst mal stehen, um sich zu sammeln. Es wird Stress geben, das ist ihm klar. Er kennt seinen Sohn und er kennt die Gefahr, dass er selbst zu einem Streithahn wird und sich in eine ungute Auseinandersetzung hineinziehen lässt. So, wie leider häufig in den vergangenen Wochen und Monaten. Doch er will versuchen, so lange wie möglich ruhig zu bleiben. Bestimmt, aber ruhig und sachlich. So wie er selbst es von seinen Schülern erwartet. Jetzt hat er allerdings ein Problem. Er ist eigentlich noch gar nicht richtig wach. Morgenmuffel, solange er denken kann und er ist stinksauer. Gestern Abend hat er genau diese Szene seiner Frau vorausgesagt, nachdem sie beide eindringlich mit Paul über seine gesamte Situation gesprochen hatten, bei der das pünktliche Aufstehen an erster Stelle steht.

Er presst die Zähne zusammen und drückt die Klinke zu Pauls Zimmer herunter. Was er sieht und wahrnimmt, führt fast dazu, gleich loszubrüllen. Stattdessen sagt er betont freundlich: „Guten Morgen!"

Keine Reaktion.

Etwas lauter: „Steh bitte auf!" Dann fügt er noch hinzu, obwohl er weiß, dass er sich die Bemerkung sparen kann: „Deine mexikanische

Würfelbude kannst du übrigens später aufräumen."
Jetzt macht Bernd Licht und sein Sohn verkriecht sich noch weiter unter die Decke. Mit zwei Schritten ist sein Vater am Bett und kann sich gerade noch bremsen. Statt die Decke herunterzureißen, knufft er Paul nur am Arm, der seitlich hervorguckt.
„Maaaaann, ich hab' Kopfschmerzen, ich kann nicht."
Bernd kann es sich nicht verkneifen und erwidert noch etwas lauter und schon kurz vor dem Explodieren: „Oh doch, du kannst! Vielleicht versuchst du es mal mit weniger Fernsehen. War eben doch mit knapp 14 Jahren ein bisschen früh", setzt er nach, wobei ihm klar wird, dass er und seine Frau selbst Schuld an diesem Problem sind. Denn sie haben ihm ja schließlich eines Tages die Glotze in sein Zimmer gestellt.
„Los jetzt, ich hab' auch nicht ewig Zeit. Ihr schreibt wohl irgendeine Arbeit? Komm, s t e h' j e t z t e n d l i c h a u f!", fügt er als Letztes hinzu und betont jede einzelne Silbe.
Paul steht schließlich auf, ist aber mürrisch und

brummelt etwas von „Scheiße hier ..." Bernd ist wieder mal fassungslos, aber froh, dass Paul nun auf ist und geht die Treppe hinunter in die Küche, um Frühstück zu machen.

Als Paul im Bad zu lange werkelt, treibt sein Vater ihn von unten her laut an, nimmt sich dann aber wieder zurück und überlegt, ob er Paul nicht schnell zur Haltestelle fahren soll. Auf einmal steht Paul in der Küche. Bernd hat ihn kaum bemerkt, denn er hat nicht wie sonst drei Stufen auf einmal genommen, sodass jedes Mal die Gläser im Hängeschrank anfangen zu klirren.
„Ich möchte übrigens mein Taschengeld haben. Das haben wir gestern so besprochen."
„Sag mal, bist du noch ganz bei Trost? In ein paar Minuten müssen wir los, wenn ich dich noch zur Bahn bringe – ansonsten schaffst du es kaum noch. Und die Frage mit dem Taschengeld wollten wir heute Abend klären. Wir haben nichts endgültig besprochen!" Den letzten Satz schreit Bernd fast schon.
Paul macht kehrt und als er in der Diele ist, lässt er seinen Frust ab und brüllt etwas, was

sein Vater nicht versteht, da das Radio an ist. Auf einmal ist er wieder in der Küche und sagt in forderndem Ton: „Kannst du mir denn nicht wenigstens fünf Euro geben?“

Sein Vater sieht ihn verstört an. Einerseits will er, dass sich die Situation beruhigt und sie vielleicht doch noch einigermaßen pünktlich loskommen. Und die fünf Euro würden sicher dazu beitragen. Aber er will sich nicht schon wieder breitschlagen lassen, zumal er weiß, dass Paul die Situation voll ausnutzt.

„Nein!“

„Mann, Scheiße!“

„Halt jetzt die Klappe! Verdammt noch mal!“ Bernd wird laut. „Steh lieber rechtzeitig auf und versuche, dich mal ein bisschen auf die Schule zu konzentrieren. Darüber haben wir gestern gesprochen und nicht über dein Taschengeld, das übrigens erst am Freitag fällig ist.“

Paul wendet sich ruckartig ab, aber diesmal verlässt er nicht die Küche, sondern stützt sich auf die Spüle und scheint für einen kurzen Moment den Blick nach draußen zu richten, in den Vorgarten des Grundstückes, auf dem ihr Haus steht. Die Straße dahinter ist wegen der kahlen Fliederbüsche und anderen Pflanzen ohne Sommerkleid jetzt eher zu sehen. Im späten Frühling dann und im Sommer ist alles ganz dicht. Aber das interessiert Paul nicht. Er will die fünf Euro. Es sind doch nur fünf Euro! Er geht wieder hoch und knallt seine Zimmertür zu. Sein Vater, der gerade Milch und Kakaopulver mixt, hört nun polternde Geräusche. „Das kann doch alles nicht wahr sein“, murmelt er vor sich hin und folgt Paul nach oben. Als er die Tür aufreißt, brennen ihm beinahe die Sicherungen durch.

Sein Sohn liegt auf dem Bett. Er geht zu ihm und schlägt ihm die Beine von der Decke und brüllt ihn an: „Mach, dass du wegkommst, aber dalli!“

„Ja, Mann!“, kommt es ebenso laut von Paul zurück. Er nimmt seinen Rucksack, geht die Treppe herunter. Sein Vater hinter ihm her, Paul beinahe vor sich herschiebend. Wie selbstverständlich bleibt er an der Wohnungstür stehen und schaut seinem Vater ins Gesicht. Wie weggeblasen scheint sein Groll, den er eben noch empfand und in leisem Ton fragt er seinen

Vater: „Ich denke, du wolltest mich fahren?“ Schweigend und mit eiskalter Miene nimmt Bernd seine Schlüssel für das Auto und das Haus, öffnet die Tür und geht zum Wagen. Paul folgt in drei Metern Abstand.

Kurz danach sitzen sie im Auto und fahren bis zur übernächsten Straßenecke, an der Bernd stoppt. Sein Sohn verschwindet grußlos in Richtung Haltestelle. Die Bahn ist gerade weggefahren.

2. Vorahnung

Am selben Tag um 14.20 Uhr sind Bernd und sein Sohn Paul an dessen Schule verabredet, um gemeinsam zu einem Gespräch bei der Polizei zu fahren. Paul soll als Zeuge gehört werden. Ein Termin, den er nicht verpassen darf, da es bereits die zweite Ladung ist. Da aber Paul bis 14.15 Uhr Unterricht hat und er genau vor der Schule steht, dürfte zumindest das kein Problem werden, denkt sich Bernd.

Kurz vor halb drei beschleicht Bernd eine Vorahnung. Mit flauem Gefühl in der Magengegend verlässt er sein Auto und geht um die Schule herum zur Turnhalle, in der Pauls Klasse in der siebten Stunde Sport hat.

Was Bernd ahnt, wird zu Gewissheit, als der Sportlehrer Pauls Fehlen bestätigt – und das nicht nur beim Sport, sondern den ganzen Tag lang, wie eine herbeigerufene Mitschülerin berichtet.

„Ich hab' ihn in der ersten großen Pause zwischen den Garagen hinter dem Hof stehen sehen. Als ich gewinkt habe, ist er verschwunden."

„Habt ihr heute eine Arbeit geschrieben?", will Bernd wissen.
„Nein, aber heute waren die Arbeiten in Kunst fällig und Paul musste in Erdkunde, glaube ich, auch noch einen Vortrag halten."
Na, bravo, denkt Bernd und bedankt sich für die Information.

Während er wieder im Auto vor der Schule sitzt und sich per Handy bei der Polizei entschuldigt, geht Pauls Klassenlehrerin an ihm vorbei auf ihren Wagen zu. Bernd springt heraus, nachdem er das Gespräch abrupt beendet hat.
„Hallo, Frau Hoffmann! Kann ich Sie kurz sprechen?"
Sie macht ein betrübtes Gesicht, nachdem sich ihre Miene zur Begrüßung zuerst ein wenig aufgehellt hatte. Eher mitleidig grüßt sie zurück:
„Oh, guten Tag, Herr Heisig."
Bernd erfährt, dass außer den ihm bekannten „Baustellen" Paul in der Schule noch mehr hat, über die er bislang nichts wusste. Neben den in vielen Fächern schwachen schulischen Leistungen, vergessenen Hausaufgaben usw. kommt er in vielen Stunden zu spät oder lässt

den Unterricht ab der Mittagspause ganz sausen. Hinzu kommen seine ständigen Streitereien mit anderen Schülern. Höhepunkt war eine Prügelei am vorigen Freitag, wegen der sie Pauls Eltern ohnehin angerufen hätte. „Im Übrigen“, so Frau Hoffmann weiter, „gibt Paul an, sein Mitteilungsheft verloren zu haben.“

„Tolle Nachrichten“, fällt Bernd dazu nur ein. „Ich melde mich auf jeden Fall noch mal bei Ihnen.“

„Ist gut. Wollen wir hoffen, dass Paul endlich die Kurve kriegt. Aber in 14 Tagen wird erst mal eine Klassenkonferenz stattfinden. Sie bekommen noch Bescheid. Sie kennen das ja.“

Eigentlich hätte er gedacht, Pauls schulische Situation ganz gut zu kennen und wollte auch besonders als Lehrer nicht zurückstehen, wenn es um die Zusammenarbeit mit der Schule geht. Gerade Anfang voriger Woche hatte er mit der Kollegin vom Fach Arbeitslehre gesprochen, weil Bernd ihr anbieten wollte, für ein Projekt günstig Holz zu besorgen. Es war ein sehr langes und interessantes Gespräch, erinnert er sich, als er wieder im Auto sitzt. Sie erzählte ihm zum Beispiel, dass Paul große

Schwierigkeiten hat, mit kleinen Materialien und Werkzeugen umzugehen.
„Bei der letzten Aufgabe aber, einer Lochkamera, war er so fasziniert von meinem Musterstück, dass er sie bauen wollte. Er hat sich sehr bemüht, doch leider ist er nicht fertig geworden." Als Bernd sie nach dem Grund fragte, sagte sie, es hätte Streit mit einem Mitschüler gegeben. Danach hätte Paul nicht mehr weitergearbeitet. „Alle Versuche, ihn zu ermuntern, haben nichts genutzt. Im Gegenteil. Mit einem Mal war es eine ‚Scheiß-Lochkamera', so Pauls Worte."

Bernd grübelt weiter, während er verzweifelt im Kiez um die Schule herum einige Runden fährt. Was ist bloß mit Paul los? Bernd überlegt, wann die Veränderung in Pauls Verhalten eingetreten ist. Mit dem Umzug und dem Schulwechsel? Oder schon in den letzten beiden Jahren auf der Grundschule. Oder noch früher? Ihm fällt Pauls Erzieherin aus der Kita ein. Eine drollige und ganz liebe Person Ende 40, die an Paul einen Narren gefressen hatte. Als sie einmal eine Figur aus Stoffresten bastelten, war

Paul nach einer Stunde immer noch beim Aussuchen der Farben, während andere Kinder schon fast fertig waren. Mit viel Hilfe und Zuspruch der Erzieherin schaffte es Paul dann, seine Figur fertigzustellen, war aber offenbar wenig begeistert von seiner Leistung. Als Bernd ihn abholte, wollte er seine Arbeit erst gar nicht zeigen, während andere Kinder ihren Eltern ganz stolz ihre Figuren präsentierten. Erst zu Hause durfte Bernd die Figur ansehen, die eigentlich ganz knuddelig war. Das sagte er Paul auch und lobte ihn sehr für die Arbeit. Das hat ihn aber nicht sonderlich interessiert.

Seine Gedanken muntern ihn ein wenig auf. Ein kleiner Hoffnungsschimmer zieht zudem auf, als er an das Gespräch mit der Kinder- und Jugendpsychotherapeutin am darauffolgenden Tag denkt, wozu auch Paul sein Einverständnis gegeben hat. Bernd hatte es arrangiert, obwohl er professioneller Hilfe eigentlich skeptisch gegenüberstand. Auf jeden Fall wollten Anne und er nichts unversucht lassen, da Pauls Schwierigkeiten vor allem in der Schule mittlerweile enorm waren.

Bis zum Abend kommt Paul nicht zurück. Anne ist erst gegen halb neun zu Hause, weil sie den ganzen Tag auf allen möglichen Sitzungen war.
So um halb elf blicken sich beide schweigend an.
„Weißt du noch, vor ein paar Monaten?"
„Ich weiß nicht, was du meinst," erwidert Bernd, der ganz in seinen Gedanken versunken ist.
„Er ist damals auch eine Nacht weggeblieben und hat uns hinterher erzählt, er hätte bei einer Freundin in Köpenick übernachtet."
„Ach das." Bernd muss lauter sprechen, denn Anne ist hinaus in die Diele gegangen und hantiert mit Schlüsseln. „Willst du noch mal weg?", fragt er erstaunt.
„Ich setze mich ins Auto und fahre ein bisschen herum."
Sie tut es wohl auch seinetwegen, ist sich Bernd sicher. Sie will ihm zur Seite stehen, weil sie ihm in den letzten Jahren einen Großteil der oftmals täglichen Rennereien, Telefonate usw. überlassen musste. Mit dem Umzug vor ein-

einhalb Jahren an den Rand der Stadt ergab sich für Anne die Möglichkeit, eine kleine Filiale der Sparkasse zu übernehmen. Ein toller Aufstieg, nachdem sie jahrelang am Kundenschalter saß und später als Berater oft die Suppe auslöffeln musste, die unfähige Kollegen ihr eingebrockt hatten.

Nach einer halben Stunde kehrt sie zurück. Bernd braucht sie nicht anzugucken, um zu wissen, dass es vergebens war.

Anne und Bernd gehen in ihr großes Wohnzimmer, von dem man am Tage einen wunderschönen Blick in den Garten hat. Jetzt zeichnet sich nur die Silhouette der Bäume vor dem blauschwarzen Himmel ab.

Die beiden haben sich an den Esstisch gesetzt. Aufrecht, angespannt.

„Was machen wir?“, bricht Anne als Erste das Schweigen. „Die Polizei anrufen?“

„Ich würde noch einen Tag warten. Noch ist ja nichts passiert. Ich schätze, er will uns Angst einjagen, weil er weiß, dass wir uns Sorgen machen.“

„Eine Trotzreaktion wegen eurem Streit heute Morgen?“, fragt Anne ein wenig ungläubig.
„Klar, das traue ich ihm zu.“
Um Mitternacht wissen sie beide, dass Paul in dieser Nacht nicht mehr nach Hause kommt.

3. Wo ist Paul?

Von Paul nichts gehört, nichts gesehen. Natürlich auch nicht in der Schule. Verstört und ratlos nehmen Bernd und Anne, die sich extra frei genommen hat, um 13 Uhr das Gespräch mit der Psychotherapeutin wahr. Beide wissen aber nicht so richtig, wie und vor allem wo sie anfangen sollen.

„Wie Sie ja sehen, ist alles ein bisschen anders gekommen, beginnt Bernd etwas verlegen das Gespräch. Nach einer kurzen Pause fügt er hinzu: „Paul war letzte Nacht nicht zu Hause und in der Schule ist er heute auch nicht gewesen."

„Gab es denn irgendeinen Vorfall?", erkundigt sich die Therapeutin.

„Ja und nein", versucht Anne die Ratlosigkeit ein wenig zu überspielen. Sie erzählt von dem Streit, den ihr Mann am Montagmorgen mit Paul hatte, aber auch von den Problemen, die es immer häufiger gibt und die an Heftigkeit zugenommen haben. Probleme, die Lehrer und Schüler mit Paul und Paul mit ihnen hatte.

„Aber es war ja nicht nur die Schule", berichtet Bernd weiter. „Es waren und sind die

Freunde und Kumpels, von denen wir keinen je zu Gesicht bekommen haben. Wir wollten ihn ja auch nicht zwingen, uns hier jemanden vorzustellen."

Anne ergänzt: „Mit dem gleichaltrigen Jungen vom Haus gegenüber hat sich Paul zwei Mal bei uns getroffen, dann war Schluss."

„Und warum macht Ihnen das Sorgen?", fragt die Therapeutin dazwischen.

„Weil seine Akte bei der Polizei bestimmt schon ein Dutzend Einträge umfasst: mehrmals Schwarzfahren, Graffitis sprayen oder malen, wie sie das nennen, sogenannte Nötigung, also abziehen, und so weiter und so fort. Und das mit knapp 15."

„Ja, und da haben wir natürlich den Verdacht, dass das aus seinem Freundeskreis heraus geschieht", schiebt Anne hinterher.

Die Therapeutin, die zwischendurch aufgestanden ist, um Wasser für Bernd und Anne zu holen, lehnt sich zurück und verschränkt die Arme. Eher nachdenklich fragt sie: „Und Paul, ist er ansprechbar, wenn Sie ihn nach solchen Geschichten fragen? Steht er zu dem, was er getan hat oder wiegelt er ab?"

„Eher wohl Letzteres“, meint Bernd. „Aber mit ihm ist auch seit Wochen oder Monaten eigentlich kein vernünftiges Gespräch zu führen.“

Fast eine Stunde verbringen Anne und Bernd bei der Psychotherapeutin, in der sie auch von den Schwierigkeiten Pauls in der Grundschulzeit berichten. Die Therapeutin hat, abgesehen von ein paar Zwischenfragen, nur zugehört. Abschließend meint sie, dass die hyperaktiven Anzeichen sich wohl verstärkt und verselbstständigt hätten. Daneben könnten auch andere Probleme in der Familie oder in seinem Umfeld den Ausschlag für sein Verhalten geben. Das müsse sie später untersuchen.
„Es war gut, mal einiges loszuwerden“, sagt Bernd, als sie zum Auto gehen. Er bleibt stehen und umarmt Anne. „Entschuldige, dass ich fast nur allein geredet habe.“
„Schon gut“, sagt sie und drückt ihn ganz fest. „Wir schaffen das schon.“

Nachdem Bernd Anne wieder bei der Sparkasse abgesetzt hat, fährt er zu dem für ihn zuständigen Abschnitt der Polizei und gibt eine

Vermisstenanzeige für seinen Sohn auf. Er tut das relativ ruhig und sachlich, obwohl er denkt: Das bin ja nicht ich. Das muss ein anderer sein, dessen Gör wieder mal weggelaufen ist.
Zum Abschluss sagt der Polizeibeamte: „Die Fahndung läuft jetzt bundesweit. Unabhängig davon nimmt sich das Landeskriminalamt der Sache umgehend an."
Na wunderbar, da brauche ich mir ja gar keine Sorgen zu machen, hätte Bernd beinahe geantwortet. Bevor er das Revier wieder verlässt, stellt er noch eine Frage: „Hätte ich schon eher kommen müssen?"
„Es ist schon in Ordnung, dass Sie einen Tag gewartet haben. Aber Ihr Sohn ist noch lange nicht volljährig und Sie sind im Prinzip für alles haftbar, was Ihr Filius so anstellt. Doch wenn Sie ihn als vermisst melden, kann man Ihnen nicht unterstellen, Sie hätten Ihre Aufsichtspflicht nicht wahrgenommen."

Am Abend hat Anne das Buch von Ursula Walter über ihr hyperaktives Kind herausgelegt und zeigt Bernd die von ihr schon vor Jahren angestrichenen Stellen. Beinahe alle Anzeichen treffen auf Paul zu, wie die Faust aufs Auge. „Ich weiß nicht. Paul kann doch auch ganz anders. Und ich kenne viele andere Kinder und Jugendliche, auch aus Elterngesprächen, die ähnliches Verhalten zeigen.“

„Aber das stimmt alles so haargenau“, sagt Anne, die noch immer das Buch in der Hand hat.

„Und wenn schon. Ungeduld, etwas nicht zu Ende zu bringen oder einen Fehler nicht einzugestehen sind doch Dinge, von denen beinahe alle Eltern ein Lied singen können.“

Die zweite Nacht bricht an. Anne und Bernd fangen an, sich ernstlich Sorgen zu machen. Anne dringt darauf, die Schlafzimmertür weit offen zu halten. Beide sind aufmerksamer als sonst und achten auf jedes Geräusch.

Am nächsten Tag geht Bernd zu einem Kumpel von Paul, dessen Adresse er nur kennt, weil er ihn einmal vor dessen Haustür abgesetzt hat. Der Kumpel ist nicht zu Hause und die Eltern, die Paul auch kennen, wissen von nichts.

Was jetzt?

Um dem Gefühl der Machtlosigkeit zu entgehen, muss Bernd etwas tun und dies jetzt und sofort. So fährt Bernd erst einmal zur Schönhauser Allee. Unweit des großen Einkaufszentrums ist Paul von einem Lehrer seiner Schule gesehen worden.
Im Einkaufszentrum selber zückt Bernd fünf Urlaubsfotos von Paul und hält sie jedem Security-Mann unter die Nase, gibt seine Telefonnummern und eine schriftliche Beschreibung von Paul ab. Anschließend fühlt er sich ein wenig besser. Danach hält Bernd noch einmal in allen Etagen nach ca. 1,75 m großen und sehr schlanken Figuren mit Basecap und dunkelblauer Bundjacke Ausschau, bevor er den Einkaufstempel wieder verlässt.
McDonald's ein paar Meter weiter ist seine nächste Station. Der Laden ist voller junger Leute. Bernd geht zu ein paar Jungs und will sie ausfragen, wo man denn abhängt usw.
Wie sich herausstellt, sind sie eigentlich gar nicht aus der Ecke, sehen sich aber die Fotos interessiert an.

Bernd kommt sich vor, wie jemand von der Kripo. Plötzlich sagt ein noch größerer Junge als Paul:
„Den kenn' ich. Das ist doch Paul!"
Bingo. Aber es stellt sich heraus, dass sie zwar in dieselbe Schule gehen, sich aber nur sehr flüchtig kennen.
Danach nimmt sich Bernd noch ein Einkaufscenter im Nachbarbezirk vor, um dort die gleiche Prozedur durchzuziehen wie zuvor. Mitleidige, belustigte Blicke treffen ihn, als er geht. Aber er hatte ohnehin kaum Hoffnung.

Wo ist Paul? Wo kann er sein? Wieso hält er es so lange ohne sein Zuhause aus? Was hat ihn dazu gebracht? Fragen über Fragen, die Bernd und Anne sich stellen, ohne wirklich eine Antwort zu erhalten.
Sie richten es so ein, dass sie wieder gemeinsam Abendbrot essen, was wegen des späten Feierabends von Anne oft nicht möglich war. Nun wartet Bernd eben. Großen Appetit hat er eigentlich sowieso nicht.

4. Anfang des Puzzles

Wieder eine Nacht vorbei. Kein Paul, kein nichts, kein gar nichts. Zur Sorge und Angst, die beide Eltern sich zuerst nicht eingestehen wollen, kommt nun auch Verzweiflung hinzu. Bernd will es wieder mit Geschäftigkeit ausgleichen, während Anne immer stiller wird und sich noch mehr in ihre Arbeit verkriecht.

Bernd fährt am Nachmittag nach der Schule noch einmal zur Schönhauser Allee. In dem kleinen Café rechts von dem Einkaufszentrum hat er sich mit seinem Schwager Michael verabredet. Er kennt den Chef der Security-Firma im Einkaufszentrum und hat ihn gebeten, die Augen besonders offenzuhalten. Außerdem wollen die beiden ihre Vorgehensweise für den heutigen Abend besprechen.

Zwei winzige Lichtblicke haben sich nämlich ergeben, an denen sich Bernd festhält.

Einerseits hat Bernd am heutigen Freitag die Hoffnung, dass sich Paul in der Jugenddiscothek „Garage 4“ blicken lässt. Dort will er mit Michael vorbeifahren, um nach ihm zu sehen.

Andererseits soll Paul laut Aussage von Mitschülern mit einem Rolf Engel, ebenfalls 8. Klasse und in einer betreuten WG wohnend, zusammen gesehen worden sein. Seine Klassenlehrerin, mit der er heute Mittag telefoniert hatte, berichtete ihm auch von der Aussage ihres Kollegen, Paul in der Schönhauser Allee gesehen zu haben. Und zwar in Höhe des Kinos.

Abends vor der Discothek.
„Nichts! Die haben mich alle angeguckt, als käme ich von einem anderen Stern“, erzählt Michael, als er sich nach einem Rundgang in der Garage 4 gegen 20 Uhr wieder zu Bernd ins Auto setzt. „Sehe ich mit meinen 29 Jahren wirklich so alt aus?“
„Uralt. Und wenn ich da reinginge, würden die denken, ich komme zum Sterben. Und ich bin auch erst 45.“
Spät am Abend fährt Michael noch einmal allein vorbei – wieder zwecklos. Ein Foto von Paul hat er sicherheitshalber dagelassen.

Bernd und Anne sind ratlos und spüren, dass ihnen die Kräfte schwinden. Mit jedem Tag, den

Paul weg ist, nimmt ein Gefühl zu, in dem sich Trauer, Sorge und Wut vermischen. Auch die Mauer ist höher, der Graben breiter geworden, den Paul bei seiner Rückkehr überspringen müsste.

Es ist 16.00 Uhr und Sonnabend. Pauls Klassenlehrerin hat am Vormittag angerufen und Bernd die Adresse der Jugend-WG durchgegeben, in der Rolf Engel wohnen soll. Bernd steht nun etwas ungläubig vor dem attraktiven Einfamilienhaus ohne Namensschild und läutet.
Die Tür wird geöffnet. Gleich mehrere Jungs sind offenbar aus Neugier herbeigeeilt, da am Wochenende selten Besuch kommt. Sie sehen Bernd fragend an.
„Ähm, mein Name ist Heisig. Ich suche den Rolf Engel. Wohnt der hier?“
„Wer sucht mich?“, ist von drinnen her eine laute Stimme zu hören. Ein paar Sekunden später baut sich Rolf Engel vor Bernd auf.
Bevor Bernd irgendwas sagen kann, ist die Betreuerin der WG zur Stelle. Bernd erklärt kurz sein Anliegen und blickt dabei Rolf Engel an.

Der erzählt unter anderem, dass er Paul kaum kennt und im Grunde wenig mit ihm unternommen hat. Während er spricht, wird Bernd klar, wie sehr er sich doch daran geklammert hatte. Er bleibt etwas ratlos in der Tür stehen und verabschiedet sich dann. Als er das Gartentor erreicht hat, dreht er sich noch einmal um. „Wenn ihr ihn seht, sagt eurer Betreuerin Bescheid, ja?" Die Betreuerin nickt stumm.

Er kann nicht sofort losfahren, muss erst mal im Auto sitzen bleiben. Nur kurz, denn er will und er muss etwas unternehmen.

Wieder zur Schönhauser fahren, aber diesmal an eine andere Stelle.

Bernd hat Glück und erwischt einen Parkplatz in einer Nebenstraße. Als er das Auto abgestellt hat, läuft er ein paar Schritte vor zur nächsten Kreuzung und bleibt dort zunächst unschlüssig stehen, weil er nicht weiß, in welche Richtung er gehen soll.

Wo ist Paul noch mal von diesem Lehrer gesehen worden? Kurzerhand wendet er sich in Richtung Alexanderplatz. Gedankenversunken und mit eher zögerlichen Schritten läuft er los.

Schmuddelige Altbauten mit bröckeliger Fassade stehen hier noch immer. Sprayer mit und ohne Fantasie haben sich ordentlich ausgetobt. Einige Tags kommen Bernd irgendwie bekannt vor.

Während er noch grübelt, geht er an einer Toreinfahrt vorbei, die restlos vollgesprüht ist. Gerade als Bernd sich die zum Teil bizarren Krakeleien näher betrachten will, kommt ein junger Mann angeradelt und schließt sein Bike kurz davor an einem Laternenpfahl an.

Bernd spricht ihn an, murmelt etwas von Jugendlichen, Kiez und Sprühen. Der junge Mann, Anfang 20, dreht sich kaum zu Bernd um. „Im Parterre gibt's 'ne Sozialstation." Damit ist augenscheinlich sein Interesse an weitergehenden Erklärungen erloschen. Bernd fragt nicht weiter nach.

Da sich der Eingang im Hof befindet, muss er nun ohnehin an den Wandmalereien vorbei. Aber er wirft nur einen flüchtigen Blick darauf. Zehn Sekunden später steht Bernd mit leicht erhöhtem Herzschlag vor einer Tür. Neben dem Namen des Trägers steht auf dem Schild links davon noch „Krisenstation".

Niemand öffnet auf sein Klingeln.
Bernds Stimmung sinkt wieder mal ins Bodenlose, wie häufig in den letzten Tagen. Er will eigentlich wieder verschwinden, überlegt es sich dann aber anders und geht langsam einen Stock höher. Vielleicht gibt es ja einen Mieter, der mehr weiß. Doch sonderbarer Weise steht Bernd vor dem gleichen Schild, das er schon eine Etage tiefer gesehen hat und hört sogar Stimmen. Er spürt seine Aufregung und klopft an, als ob er das Gespräch im Flur nicht durch lautes Klingeln stören will.
Fast im selben Moment wird die Tür geradezu aufgerissen und Bernd von zwei Jugendlichen in Pauls Alter abschätzig begutachtet.
Dann kommt eine freundliche junge Frau hinzu und bittet Bernd herein, obwohl er nur seinen Namen gesagt hat. Wahrscheinlich will sie ihm ersparen, zwischen Tür und Angel und vor den Jugendlichen den Grund seines Besuches zu erläutern. Er folgt ihr in das Betreuungszimmer und nimmt ziemlich müde auf einem Besucherstuhl Platz.
„Ja, ich weiß gar nicht, wo ich anfangen soll“, beginnt er unsicher das Gespräch. „Ich suche

meinen Sohn Paul und bin eigentlich zufällig hier gelandet. Er ist am Dienstag nicht nach Hause gekommen und seitdem verschwunden. Das heißt, er ist wohl hier in der Umgebung gesehen worden, weshalb ich also doch nicht zufällig bei Ihnen bin. Ich hab' ein bisschen die Gegend erkundet, war in Geschäften und bei McDonald's und dann bin ich schließlich auf Ihre Krisenstation gestoßen."

Das alles bringt Bernd stockend hervor, verliert zwischendurch den Faden und macht Pausen. Ihn macht nervös, dass er im Gesichtsausdruck der Betreuerin keine Reaktion erkennen kann.

Als Bernd weitersprechen will, unterbricht ihn die Frau, die Bernd noch unter 20 schätzt. In fast belanglosem Ton sagt sie zu ihm: „Ja, der Paul war vor etwa einer Stunde hier und wir haben uns für 21 Uhr wieder verabredet. Er hat zugesagt, wiederzukommen."

Bernd will etwas erwidern, merkt aber, wie ihn diese wenigen Sätze umhauen. Er möchte trotzdem etwas erwidern und sich vor dem großen Mädchen keine Blöße geben. Doch er stammelt nur ein paar unverständliche Worte.

Die Emotionen sind so heftig, dass Bernd sein Gesicht in die Hände vergräbt und anfängt zu weinen. Mit jedem Schluchzen löst sich bei ihm ein Stück der Spannung, die sich unmerklich in den letzten Tagen wie ein heranziehendes Gewitter aufgebaut hat.
Der Erzieherin ist nicht anzumerken, was sie empfindet. In ruhigem und sachlichem Ton fährt sie nach einem Moment des Schweigens fort, von Paul zu berichten. Doch das ist nicht viel.
Paul hat offenbar von einer Bekannten den Tipp bekommen und ist heute Nachmittag hier aufgekreuzt. Er hätte etwas verstört gewirkt und um Aufnahme gebeten. Aus dem Wenigen, was Paul gesagt hat, filtert die Erzieherin offenbar eines heraus: Paul will mit seinen Eltern im Moment keinen Kontakt!
„Sie müssen verstehen“, sagt sie zu Bernd, „Paul ist in einer Krisensituation, in der es ja schon mal gut ist, wenn er sich eine Hilfemöglichkeit sucht. Und wir sind hier eine Anlaufstelle für Kinder und Jugendliche, die aus allen möglichen Gründen ihrem elterlichen Zuhause den Rücken gekehrt haben. Häusliche Gewalt,

nicht nur elterliche, Schulverweigerung und extreme Konflikte in der Erziehung sind die wesentlichen."
Ist ja gut, denkt Bernd, dem ohnehin nicht danach ist, diese letzten Sätze zu kommentieren.
„Wir kennen ja Ihre familiäre Situation nicht, noch nicht. Jetzt muss Paul erst mal hier ankommen."

So ganz kann Bernd die Dinge noch nicht ordnen, nicht begreifen. Er sitzt zusammengesunken auf seinem Stuhl und blickt die Betreuerin fragend an.
„Paul erwähnte übrigens noch den Dienstagmorgen, an dem es wohl den Krach gegeben hat, weil er nicht aufstehen wollte."
Bernd verspürt nicht die geringste Lust, die Geschichte noch mal zu erzählen. Er ringt noch immer um Fassung, wobei jetzt zunehmend Unverständnis und Wut seine Gefühle bestimmen. Wut auch über seine eigene Ahnungslosigkeit. Er merkt, dass sie eigentlich noch am Anfang stehen und versuchen, ein Puzzle zusammenzubauen, bei dem die meisten Teile fehlen.

Er erfährt noch Namen und Dienstzeiten von Betreuern und verabredet einen ständigen Telefonkontakt, dann hat er erst mal genug. Beim Nachhausefahren überlegt er, einen Schwenk zu seinen Schwiegereltern zu machen, um Anne zu informieren. Ihre Mutter hat am Sonntag Geburtstag und Anne wollte ihr bei der Vorbereitung helfen. Blödsinn, denkt er. Verarbeite erstmal selbst die Situation! Und was er im Moment gar nicht gebrauchen kann, sind die bissigen Kommentare seines Schwiegervaters, der immer alles besser weiß.

Da Bernd Paul gefunden hat aber ihn nicht mit nach Hause nehmen kann u. er nicht weiß warum Paul abgehauen ist

5. Hoffnung und Ungewissheit

Wochenanfang. Im Prinzip Funkstille. Am Abend zuvor hat es Bernd nicht mehr ausgehalten und bei der Krisenstation nach Paul gefragt. Er sei gerade nicht da, sei aber am Vortag pünktlich wieder zurück gewesen. Im Übrigen wolle er Montag wieder zur Schule gehen.
Mittags erreicht Bernd die Klassenlehrerin von Paul, um ihr mitzuteilen, dass er ihn gefunden hat. Wobei das ja auch nur zur Hälfte stimmt.
Im Gegenzug erfährt Bernd – er hat es erwartet –, dass Paul nicht in der Schule war.
Noch am Sonnabend und Sonntag waren Bernd und Anne wieder voller Zuversicht, haben sich Mut gemacht. Und jetzt?
„Wenn er erst wieder hier ist, werden wir reden, richtig reden", hat Anne noch nachts im Bett gesagt. Den ganzen Abend gab es nur ein Thema, nachdem Bernd seiner Frau haarklein von seiner Begegnung in der Krisenstation erzählt hatte.

Am Nachmittag kommt ein Anruf der Krisenstation. Bernd wird gebeten, für Paul doch

Geld für eine Monatsmarke der BVG[1] zu hinterlegen. Paul sei beim Schwarzfahren erwischt worden. Bernd verabredet sich für den nächsten Tag. Dann will er ohnehin mit einem weiteren Betreuer reden, der ein längeres Gespräch mit Paul geführt haben will.

Zum Abendbrot bleibt er heute allein. Anne hatte angerufen und gesagt, dass sie wegen einer Sitzung später kommt.
Bernd nimmt sich das Nötigste aus dem Kühlschrank und isst im Stehen zwei Stullen. Er hat sich vorher schon Papier und Kugelschreiber bereitgelegt, um sich ein paar Dinge, die ihm im Kopf herumgehen, notieren zu können. Nun wischt er aber doch erst fein säuberlich den Tisch ab, bevor er sich hinsetzt.
Er braucht nicht lange zu grübeln. Ein Blick noch aus dem Fenster und dann schreibt Bernd zunächst die Fragen auf, die Anne und ihn am meisten beschäftigen. Was ist der Grund für Pauls Weglaufen?

---

[1] BVG – Berliner Verkehrsbetriebe

Eine Woche, schreibt er dahinter in Klammern, wobei noch gar nicht klar ist, wann er denn überhaupt wieder nach Hause kommt. Wie lange dauert es, bis er wieder Tritt gefunden hat? Ist vielleicht Cannabis im Spiel? Aber dann hätten sie doch etwas merken müssen und die von der Krisenstation haben ja auch noch nichts gesagt.
Am Ende der Seite sind es keine Fragen mehr, sondern Überlegungen und Stichpunkte. Dinge von früher, die Bernd einfallen und im Zusammenhang mit Pauls Verhalten und der heutigen Situation stehen könnten.
Schade, dass Uwe nicht da ist, denkt Bernd. Pauls Bruder hat in den letzten Jahren sicher einen besseren Draht zu ihm gehabt. Nun ist er zum Bund gegangen und will es bis zum Hubschrauberpiloten bringen. Er weiß noch von nichts, aber übernächstes Wochenende hat er Urlaub und kommt nach Hause.

Bernd hat eine Idee: Tagebuch schreiben. Einfach alles, was passiert, in den Computer hauen, sonst vergisst man es.

So beginnt er mit dem Tag, an dem Paul nicht mehr nach Hause gekommen ist und braucht zwei Stunden, bis er die knappe Woche abgearbeitet hat. Bei dem letzten Gedanken überlegt er, ob er ihn als Schlussbemerkung mit ins Tagebuch aufnimmt und findet schließlich, dass er da reingehört: *Es schmerzt, Paul nicht anrufen und mit ihm sprechen zu können.*

Paul ist zur ersten und wahrscheinlich auch zur zweiten Stunde in der Schule gewesen. Dann hat er wohl Mitschüler informiert, dass ihm schlecht sei. Das erfährt Bernd von Pauls Deutschlehrerin, die er vor seiner Schule trifft. Eigentlich hatte er vor, mit dem Direktor zu sprechen, doch der musste kurzfristig weg. Anschließend ist Bernd in der Krisenstation verabredet. Vielleicht kann er ja endlich Paul wiedersehen. Er versucht nicht erst groß, sich auf diese Begegnung innerlich einzustellen, während er auf das Haus, in dem sich die Krisenstation befindet, zugeht. Er weiß ohnehin, dass die Aufregung mit Sicherheit dann da sein wird.

Der Moment ist schneller da, als gedacht. Als Bernd nach seinem Klingeln von der schon bekannten Betreuerin eingelassen wird, will Paul gerade in einem Zimmer verschwinden und hat schon die Klinke in der Hand. Bernd ruft aus etwa fünf Meter Entfernung: „Hallo, Paul!“ Nach kurzem erstaunten Aufblicken wendet sich Paul wieder ab und verschwindet hinter der Tür.

Bernd bleibt zunächst etwas unschlüssig stehen und lässt das Bild auf sich wirken, das er soeben wie ein Aufblitzen wahrgenommen hat: Paul muss in den letzten Tagen um Jahre gealtert sein. Er sieht fürchterlich aus, blass, das Gesicht aufgedunsen.

„Herr Heisig, kommen Sie bitte?“ Ganz benommen von dem Eindruck folgt Bernd der Erzieherin in den Besprechungsraum, in dem schon jemand am Fenster steht. Der Mann dreht sich um und geht ein paar Schritte auf Bernd zu, der am Schreibtisch stehen geblieben ist. „Ich bin Herr Adler“, stellt er sich vor und gibt Bernd die Hand. „Ich gehöre auch zum Betreuerteam und löse meine Kollegin ab. Wir machen hier zwei, manchmal auch drei Schichten.“

Er dürfte so in meinem Alter sein, schätzt Bernd kurz ein. Das freundliche, ja fast warmherzige Wesen fällt Bernd auf, wozu der Vollbart gut passt.
Die beiden setzen sich. Die Betreuerin bleibt in der Nähe der Tür stehen, als ob sie jeden Moment das Zimmer verlassen will.
„Frau Klein kennen Sie ja schon. Sie war hier, als Paul am Sonnabend in Begleitung eines Mädchens zu uns kam. Was wir im Moment von ihm wissen, ist nicht viel. Seine Beweggründe, sich hier in der Krisenstation zu melden, sind eher undurchsichtig. Er lässt eigentlich niemanden an sich heran – zumindest nicht von uns Betreuern. Das passiert oft bei den Jugendlichen. Bemerkenswert ist sein offensichtlich hoher Drogenkonsum. Er ist richtig ‚zu' gewesen, um es salopp zu sagen."
Bernd hat das Gefühl, neben einem Tiefschlag eine weitere Ohrfeige bekommen zu haben, wobei Herrn Adlers Stimme nicht die Spur vorwurfsvoll klingt.
„Hoher Drogenkonsum? Was heißt denn das bitte?"

„Wir vermuten“, schaltet sich Frau Klein ein, „dass Paul schon länger Cannabis, also Haschisch oder Marihuana, raucht. Als ich ihn auf seinen Zustand am Sonnabendabend angesprochen habe, gab er an, ein paarmal gekifft zu haben. Wir wissen aber inzwischen von anderen, dass er das schon länger und in erheblichem Ausmaß tut. Er muss so eine Menge THC[2] im Blut gehabt haben, dass wir sicher nicht von einem Einsteiger sprechen können.“

Wenigstens darin ist er Profi, würde Bernd jetzt gern erwidern, aber es wäre nur zynisch. Es hätte jedoch gut gepasst zu dem fast schneidenden Ton dieser Frau Klein. Hoffentlich geht sie bald, denkt er.

Seinen Widerwillen bringt er zum Ausdruck, indem er fast die ganze Zeit zu Herrn Adler hinsieht, der mit aufgestützten Ellenbogen ihm gegenüber am Schreibtisch sitzt.

„Sie fragen sich sicher, ob wir davon etwas gemerkt haben“, spricht Bernd Herrn Adler direkt an.

---

[2] THC/Delta-9-Tetra-hydro-cannabinol – Wirkstoff der Cannabispflanze

„Nein“, fährt er sogleich fort, als hätte er gar keine Antwort erwartet. „Obwohl es mir schwerfällt, es einzugestehen. Vor allem als Lehrer, der indirekt und manchmal auch sehr direkt damit zu tun hat. Klar haben wir registriert, wie er zum Beispiel unpünktlich und unzuverlässig bei Verabredungen gleich welcher Art wurde, was man früher von ihm überhaupt nicht sagen konnte. Dann die Lustlosigkeit, auch Müdigkeit und Kopfschmerzen. Das alles haben wir erst mal unter der Überschrift Pubertät eingeordnet. Er ist 14! Dann haben wir geredet, sofern er dazu in der Lage war und dann haben wir ihm Angebote gemacht.“

„Was für Angebote?“, fragt Herr Adler.

„Na, ich bin zum Beispiel mit ihm zu verschiedenen Sportvereinen gefahren, in denen er auf Probe hätte mittrainieren können. Das Ergebnis beim Basketball war, dass er nach dem zweiten Training entrüstet nach Hause kam und nicht mehr hingehen wollte. ‚Ich war heute beim Spiel drei Minuten dabei‘, hat er gesagt, ‚den Rest habe ich auf der Bank mit irgendwelchen Beobachtungsbögen verbracht. Da war ich wütend und bin abgehauen.‘ “

„Gab es bei Ihnen zu Hause Schläge? Ich meine haben Sie ihn ab und zu mal verhauen?“ Die Frage kommt völlig unvermittelt und Bernd wundert es nicht, dass sie von Frau Klein gestellt wird.

„Wir schlagen unsere Kinder nicht. Die Backpfeifen kann man sicher an einer Hand abzählen“, antwortet er mit einem schärferen Ton, als ihm lieb ist. „Und um die Frage abzuschließen“, fährt Bernd in ruhigem Ton fort, „wir haben sein Verhalten einfach nicht mit Drogen in Verbindung gebracht. Dass er anfing, Zigaretten auszuprobieren, wussten wir und haben ebenso ernsthaft mit ihm darüber gesprochen.“ Nach einer kleinen Pause fügt Bernd noch hinzu: „Natürlich, aus heutiger Sicht würde man einiges anders bewerten, damals aber ... Was geschieht denn jetzt als Nächstes?“

„Zunächst müssen wir versuchen, mit Paul mal etwas ausführlicher zu sprechen und hinter seine Motive zu kommen“, erwidert Herr Adler. „Bereits in der vorigen Woche haben wir das Jugendamt verständigt, das sich in diesen Tagen bei Ihnen melden wird. Na ja, Ziel wird es ganz sicher sein, Paul wieder in seine gewohnte familiäre Umgebung zu bringen. Was dabei bisher im Einzelnen vielleicht problematisch war, versuchen wir gemeinsam mit dem Jugendamt, Paul und Ihnen zu klären."

Vor gut einer Woche hatte ich auch Probleme, denkt Bernd, während er durch das Fenster oben auf dem Viadukt eine U-Bahn vorbeidonnern sieht. Aber nicht solche!

Er ist niedergeschlagen und verzweifelt, was auch Herrn Adler nicht entgangen ist. „Sie haben natürlich als Eltern weiterhin das Aufenthaltsbestimmungsrecht, wie es im Amtsdeutsch so schön heißt. Es ist jedoch sicher auch in Ihrem Interesse, wenn wir Paul nicht zwingen, umgehend nach Hause zurückzukehren."

„Das ist einleuchtend", erwidert Bernd, der sich im nächsten Moment mit der flachen Hand an die Stirn schlägt: „Die Polizei, ich habe noch nicht Bescheid gegeben, dass ich ihn gefunden habe."

„Das hat das Jugendamt bereits erledigt."

6. Angst und Enttäuschung

Wenn man etwas noch nie erlebt hat, tut man sich schwer, seine Gefühle zu beschreiben. Auch Bernd fällt das schwer. Seine Emotionen schwanken zwischen Hoffnung, Zuversicht und Angst. Mit diesen Gedanken fährt Bernd am übernächsten Tag zur Krisenstation. Er hat sich mit Anne vor der Eingangstür des Hauses verabredet.

Paul hat mittags Herrn Adler zugesagt, dass er bei dem Gespräch dabei sein will. Seit dem Anruf von Herrn Adler sind mittlerweile fünf Stunden vergangen. Eine ziemlich lange Zeit, denkt Bernd, während er auf Anne wartet. Das Gespräch von vorgestern an gleicher Stelle kommt ihm wieder in den Sinn und damit auch die vielen Auseinandersetzungen, die sie zu Hause mit Paul geführt hatten.

Am Abend zuvor, Anne hatte mal wieder richtig gut gekocht, fragte sie mehr sich selbst, ob sie vielleicht zu wenig mit Paul gesprochen hätten. „Ich habe echt den Eindruck, dass vor allem diese Frau Klein denkt, wir haben uns nicht wirklich um Pauls Erziehung und Entwicklung gekümmert."

„Das glaube ich nicht. Du darfst nicht vergessen, was noch alles hinter so einer Krisensituation stecken kann: Gewalt, Trennung, Alkohol, Arbeitslosigkeit und so weiter. Die Leute in der Krisenstation sind ja gerade erst dabei, sich ein Bild von uns zu machen."

„Anne, das weiß ich alles. Ich denke an unsere Streitereien hier zu Hause, an die oft nervenden und ergebnislosen Diskussionen über Kleinigkeiten. Ich denke aber auch an die gemeinsamen, schönen Augenblicke, die zugegebenermaßen immer seltener wurden in letzter Zeit. Was und wann ist da bitte schön etwas schiefgelaufen? Hätten wir ihn etwas mehr pampern müssen oder waren wir umgekehrt nicht konsequent und energisch genug?"

Bernd wird aus seinen Grübelein gerissen.

„Hallo Schatz, hast du mich nicht kommen sehen? Ich habe schon von weitem gewunken."

„Entschuldige, ich war in Gedanken. Gehen wir?"

„Mir ist komisch", sagt Anne.

„Mir auch."

Als die beiden oben ankommen, macht ihnen Herr Adler die Tür auf. In der Diele sowie der gesamten Wohnung herrscht absolute Stille. Herr Adler nickt mit dem Kopf in Richtung Besprechungszimmer und murmelt etwas von Fußball im Fernsehen.

Bernd und Anne sehen sich kurz an, während sie am kleinen runden Holztisch Platz nehmen. Herr Adler ist blass und wirkt etwas verunsichert, als er sich mit seinem Notizbuch dazusetzt. Bernd beginnt daran zu zweifeln, ob es heute überhaupt zu einem Gespräch mit Paul kommen wird. Und als Herr Adler mit der Schulter zuckt, rutscht Bernd noch etwas tiefer in seinen Stuhl.

„Tja, Paul ist nicht da. Es ist eigentlich nicht ungewöhnlich, dass uns die Jugendlichen versetzen, falsche Angaben machen oder uns sonst wie belügen. Bei Paul aber war ich mir ziemlich sicher, dass er hier sein wird. Er ist heute Mittag von sich aus gekommen und hat es mir noch einmal bestätigt. Aus einem längeren Gespräch mit ihm ist allerdings nichts geworden."

Lieber Herr Adler, will Bernd fast sagen, so kennen wir Paul auch. Aber er nickt nur und wechselt mit Anne einen kurzen Blick. Bernds Frau ist blass geworden, als ob ihr erst in diesem Moment die Situation bewusst wird. „Ohne Paul reden wir ins Leere, fürchte ich." „Sicher Herr Heisig, da haben Sie recht. Ich schlage vor, dass ich Sie wieder anrufe, sollte sich an der jetzigen Situation etwas ändern."

Schon am nächsten Tag sollte sich etwas ändern.
Abends um kurz nach halb neun klingelt das Telefon. Nachdem Anne sich mit Namen meldet, höre ich eine Weile gar nichts mehr. Plötzlich dreht sie sich zu mir um, legt das Telefon an die Brust und fragt leise: „Wollen wir zu Paul fahren? Herr Adler sagt, dass Paul eben in der Krisenstation aufgetaucht ist und einem Gespräch zugestimmt hat. Und da morgen Samstag ist, wäre es vielleicht noch nicht zu spät."
„Klar, wir fahren."
Paul und Anne sind bei ihrer Ankunft in der Krisenstation mittlerweile wieder munter geworden, nachdem gefüllte Paprikaschoten und ein Glas Rotwein schon eine gewisse Bettschwere bei den beiden verursacht hatten.

Schon auf der Treppe hören sie Gepolter, Türenknallen und laute Stimmen. Jemand öffnet die Tür. Anne und Bernd gehen zaghaft über die Schwelle und bleiben in der Diele stehen. Paul steht vor dem Zimmer, in dem er vor ein paar Tagen verschwunden war, fuchtelt mit den Armen herum und brüllt den etwa einen Meter vor ihm stehenden Herrn Adler an: „Mann, jetz' nich'!"

„Hör zu, Paul, beruhige dich! Du hattest vorhin selber ... "

„Ich weiß, was ich gesagt hab', aber ich will doch nich'."

Tür auf, Tür zu, weg!

Herr Adler dreht sich zu Anne und Bernd um und blickt in erstarrte Gesichter. Anne fasst sich als Erste: „Weißt du, Bernd, dass uns Paul während seines ganzen Auftritts überhaupt nicht angesehen hat. So, als ob wir gar nicht da wären."

Bernd sieht zu Boden und nickt nur. Als er den Kopf hebt, will er etwas sagen, doch er findet nicht die richtigen Worte und schweigt lieber, weil er merkt, wie aufgewühlt und wütend er ist. Wut und Verzweiflung, weil es, das ahnt

Bernd jetzt, ein beschwerlicher und langer Weg zu Paul ist. Wut über die Machtlosigkeit, denn Bernd ist sich sicher, dass Anne und er ihn für längere Zeit verlieren würden, wenn sie ihn jetzt mit Gewalt mitnehmen.

Uwe! Uwe kann vielleicht noch eine Brücke schlagen, denkt Bernd auf dem Nachhauseweg. Die Jungs haben sich eigentlich immer verstanden, trotz oder gerade wegen des Altersunterschiedes von fünf Jahren. Zum Glück kommt er bald.
Anne ist still. Als Bernd sie im Auto von der Seite anschaut, merkt er, dass sie weint.

Als Uwe zu Hause am Küchentisch die Geschichte hört, sieht er seine Eltern ungläubig an und will unbedingt zu Paul und mit ihm reden.
„Bernd, lass ihn doch erst mal seine Jacke ausziehen."
„Ist schon okay, Mutti", sagt Uwe dazwischen.
„Das ist ja voll daneben, absolut krank, was der da macht. Ich kapier' das absolut nicht."
Bernd hatte Uwe spät abends vom Bahnhof abgeholt und schon im Auto begonnen, ihm

alles zu erzählen. Auch ihr Erlebnis in der Krisenstation vor ein paar Tagen und die Tatsache, dass Paul nicht mehr in der Schule aufgetaucht ist. „Er ist morgens fast immer aufgestanden und hat seinen Betreuern versichert, er gehe in die Schule."

„Am liebsten würde ich noch heute dahin fahren und mit Paul reden, aber ich glaube, das wird nichts mehr." Bei diesen Worten rekelt sich Uwe und entdeckt ein Bier im Kühlschrank, dessen Tür er im Sitzen geöffnet hat. „Seit wann trinkt ihr Bier?"

„Du kannst es haben", sagt Anne. „Mein Bruder Michael hat es mitgebracht, als er vorgestern bei uns zum Essen war. Er hat uns bei der Suche nach Paul geholfen."

„Okay, morgen ruft ihr in der Krisenstation an und sagt den Betreuern, dass sein Bruder ihn sprechen möchte."

7. Uwes Versuch

„So, das reicht. Wir können nicht vor der Tür parken. Wir bleiben hier gegenüber stehen, so ist auch noch die U-Bahn dazwischen." Bernd hält direkt vor einem Matratzenladen, einem von gefühlten Einhundert in der Stadt.
Bernd und Anne sind froh, dass Uwe jetzt endlich Paul sehen wird, nachdem er den ganzen Vormittag umsonst telefoniert hat. Nach Aussage eines Betreuers, hat Paul wohl bei einem Kumpel geschlafen und ist erst gegen 16 Uhr wieder in der „Krise" aufgetaucht. Als Paul dann hörte, dass ihn sein Bruder sprechen will, soll er sich gefreut haben.
Warten wir es ab, denkt Bernd, als Uwe aus dem Auto steigt und Anne noch einen Kuss gibt.

Warten, warten, 60 Minuten lang. Endlich kommt Uwe zurück. Als er hinten im Auto Platz genommen hat, wirkt er verändert und sucht nach Worten. Bernd und Anne schweigen, wollen ihn nicht drängen. Sie haben sich eine

Stunde lang unterhalten, das m u s s ein Anfang sein.
Und Uwe bestätigt es. Paul hat offenbar das Bedürfnis gehabt zu reden. „Ich war echt unsicher, wie Paul reagieren würde, aber ein Blickkontakt reichte und die Vertrautheit war da."
Bernd und Anne sagen noch immer nichts und kleben an den Lippen ihres großen Sohnes.
„Auf den letzten Stufen, bevor ich oben klingelte, war meine Wut irgendwie weg. Ich war nur noch traurig und das hat Paul wahrscheinlich auch gespürt."
„Du hast es genau richtig gemacht, Uwe." Zu Bernd gewandt fährt Anne fort: „Können wir nicht schon losfahren? Mir ist kalt geworden."

Noch bis spät sitzt Uwe mit seinen Eltern zusammen. Eine Frage, die Frage überhaupt, bleibt offen: Warum?
Was war so stark, dass es Paul daran gehindert hat, mit seiner Mutter und seinem Vater zu sprechen? Wie ist die komplette Änderung seiner Persönlichkeit zu erklären? Uwes Andeutungen, Paul könne einfach nicht mit uns reden, kann und will er so nicht gelten lassen, denkt Bernd.

Welche Rolle Drogen bei der ganzen Sache spielen, weiß auch Uwe noch nicht. Trotzdem spüren er und Anne eine unendliche Erleichterung darüber, dass ein Anfang gemacht ist. Uwe hat sich mit Paul für Sonntag verabredet, wo er beim Umzug von Uwes Kumpel helfen soll.

„Paul war pünktlich und hat beim Umzug ganz gut mitgeholfen. Er war eigentlich wie immer", erzählt Uwe, als er abends im Zug Richtung Kaserne sitzt und mit seiner Mutter telefoniert. „Er sieht aber schlecht aus und beim Schleppen der Umzugskisten habe ich gemerkt, dass er kaum Kraft hat." Anne ist nach dem Gespräch mit Uwe den Tränen nahe. Da Bernd bei seiner Mutter ist, bleibt sie unschlüssig im Wohnzimmersessel sitzen. Soll sie ihn anrufen? Sie entscheidet sich anders und wählt die Nummer der Krisenstation. Sie will Paul sprechen!

Und es klappt. Herr Adler, dessen Wochenenddienst gerade zu Ende geht, holt Paul offenbar ohne große Probleme an den Apparat.

„Mama“, hört Anne die Stimme ihres Sohnes, fragend und leise. „Paul, kommst du wieder nach Hause? Übermorgen hast du ja auch Geburtstag und, ja, ... wie stellst du dir das weiter vor?“

Anne könnte sich auf die Zunge beißen und ärgert sich. Sie ist eigentlich nicht auf den Mund gefallen und merkt außerdem, dass sie mit Paul spricht, als liege er nach überstandener Lungenentzündung noch im Krankenhaus.

„Morgen oder vielleicht Dienstag, aber morgen gehe ich auf jeden Fall in die Schule. Ich hab's auch Uwe versprochen.“

Dienstag. Pauls Geburtstag.

Er ist gestern und heute wieder nicht in der Schule gewesen. Seine Klassenlehrerin hat Bernd in der Mittagspause informiert.

Anruf in der Krisenstation.

Ja, Paul wäre aus dem Haus und man könne ihm ja nicht hinterherlaufen. „Richtig“, kontert Bernd etwas genervt. „Aber das ist ja nicht das erste Mal. Können Sie das nicht besser überprüfen?“ Bernd merkt, wie unangebracht seine

Frage war, aber zu spät. „Nein“, war dann auch die kurze Antwort.
Bernd ist wütend. Zugleich sagt er sich, dass es nach 14 Tagen Fehlen vielleicht auch nicht einfach für Paul ist. So nach dem Motto: Hoppla, da bin ich wieder. Aber trotzdem. Er ist abgehauen und er muss zurückkommen. Am liebsten will er ihn packen, durchschütteln und ihm eindringlich sagen: Paul, komm nach Hause, es ist vorbei!

Am Abend dann ist Bernd vollends ungeduldig und er ruft erneut in der Krisenstation an. Kurz bevor Paul den Hörer in die Hand bekommt, hört Bernd, wie er der Annahme des Gesprächs zustimmt. Mein Sohn will mit mir sprechen, na wunderbar, freut sich Bernd ehrlich.
„Herzlichen Glückwunsch zum Geburtstag, Paul. Ich möchte dir sagen, dass wir dich lieb haben und wollen, dass du nach Hause kommst.“ Ohne eine Antwort abzuwarten, fährt Bernd fort: „Komm doch so um 18 Uhr. Soll ich dich abholen?“
„Nein, danke, Papa.“

„Gut. Dann bis morgen."

Nachdem auch Paul sich freundlich und nett verabschiedet, spricht Bernd die Worte seines Sohnes nach: Nein danke, Papa! Im selben Augenblick fällt ihm ein, dass er Paul das Versprechen abluchsen wollte, morgen wirklich zur Schule zu gehen. Aber vielleicht kommt es auf einen Tag mehr oder weniger auch nicht mehr an.

8. Paul zu Hause

Es klopft. Fast auf die Minute hält sich Paul an seine gestrige Zusage. Bernd, der schon einige Zeit zuvor immer mal wieder aus dem Fenster geschaut hat, nimmt es zufrieden zur Kenntnis. „Hallo, Paul“, begrüßt Bernd seinen Sohn, nachdem er die Tür geöffnet hat.
„Tach, Papa“, antwortet Paul und gibt Bernd einen flüchtigen Kuss auf die Wange.
Bernd will Paul in die Augen sehen, doch Paul dreht sich ab und verschwindet auf die Toilette. Bernd ist sich nicht sicher, ob er etwas in den Augen seines Sohnes zu erkennen hoffte. Vielleicht so etwas wie Einsicht? Auf jeden Fall aber etwas, das Bernd das Gefühl gibt, Paul will wieder zur Familie gehören und kommt gern nach Hause.
„Wir dürfen ihn nicht gleich zur Rede stellen, müssen ihn erst mal ankommen lassen“, hat Anne am Vorabend gesagt und auf Bernds Ungeduld angespielt.

Als Anne spätabends von einer Sitzung kommt, schläft Paul bereits.

„Und, was hat er gesagt? Habt ihr geredet?“

„Im Grunde nicht viel. Er hat gesagt, dass er müde sei, aber noch Hunger habe. Ich habe ihn ankommen lassen, wie du gesagt hast, und Tagebuch geschrieben“, schildert Bernd den Abend und gibt seiner Frau einen Kuss auf die Stirn.

„Du hast was?“

„Ach so, habe ich noch gar nicht erzählt. Weißt du, ich will das später mal alles nachlesen können.“

50 € fehlen Anne aus der Geldbörse, die sie wie immer in ihrer Handtasche auf dem Küchenhocker aufbewahrt. Als er eine Stunde verspätet nach Hause kommt, spreche ich ihn daraufhin an und frage gleich direkt, wofür er das Geld braucht ...

So beginnt der Eintrag, den Bernd zwei Tage später am Computer schreibt. Noch immer ist er völlig fassungslos. Paul ist zu Hause angekommen, richtig. Offensichtlich aber haben ihn die 14 Tage Abwesenheit dermaßen verändert, dass nichts mehr ist, wie es war.

Unbeeindruckt und ohne eine Spur von Reue reagierte Paul auf Bernds Vorwürfe.

„‚Weiß ich nicht' ist alles, was du auf mein ‚Warum' zu sagen hast?"

„Na, ich brauchte Geld."

„Wofür? Für Gras oder irgendwelche anderen Drogen etwa?", fragt Bernd, der sich die mögliche Tatsache sowie die Folgen noch nicht eingestehen will.

„Nein, ich hatte Schulden."

„Ach so. Jetzt kommen wir praktisch für deine Schulden auf oder was?" Paul schweigt, nimmt die Hände in die Taschen und senkt den Blick.

„Und weil wir gerade dabei sind: Warum bist du gestern und heute schon nach der vierten Stunde aus der Schule gekommen?"

„Mir war nicht gut. Außerdem haben wir heute in Englisch eine Arbeit geschrieben, die wir in den letzten vierzehn Tagen vorbereitet haben, und da war ich ja nicht da."

„Paul, hallo! Du bist nicht mehr hingegangen. Was ist mit dir los?" Bernd schüttelt den Kopf und fasst es nicht, dass Paul so spricht, wie er spricht.

Am Morgen hatte Anne ihn in der Schule wegen des fehlenden Geldes angerufen. Nachdem sie sich einen Moment angeschwiegen hatten, waren sie sich einig, dass nun etwas passieren muss. Dann eben doch das Jugendamt. Eigentlich wollten sie darauf zuallerletzt zurückgreifen. Eine Mitarbeiterin hatte sich zwar bei Bernd gemeldet und auch Paul hatte einen Termin. Doch als man hörte, Bernd sei Lehrer, die Ehe in Ordnung und die Lebensumstände der Familie auch, ist Pauls kleiner Ausraster wohl als weniger betreuungsbedürftig eingestuft worden.

Aber Bernd wollte nicht ungerecht sein. „Rein nach der Aktenlage gibt es weitaus schlimmere Fälle“, hatte er Anne am vergangenen Sonntag kurz vorm Einschlafen noch gesagt. „Wir können das schaffen, wir müssen das schaffen.“

Nur ein paar Tage später sind sich Bernd und Anne da nicht mehr sicher.

Nein, er ist noch nicht bei ihnen angekommen, denkt Bernd, als er nach einem letzten Tagebucheintrag seinen Computer ausmacht.

Es ist Sonntag, kurz vor Mittag. Anne und Bernd gehen wieder ihrem Ritual nach und frühstücken ausgiebig und lang, nachdem jeder seinem Sport nachgegangen ist. Anne hat heute ihre Kräftigungsübungen nach Musik gemacht und Bernd ist trotz des Nieselregens joggen gewesen. Er hätte sich auch auf den Ergometer setzen können, aber gerade in diesen Tagen braucht er das Schwitzen an frischer Luft, die trotz der noch winterlichen Jahreszeit mit zwölf Grad sehr angenehm ist.
Bernd will Anne gerade zum x-ten Male die Vorteile des Laufens klarmachen, als sie plötzlich Schritte auf der Treppe hören. Kurz darauf fällt die Haustür ins Schloss.
„Paul?“ Anne steht auf und sieht nach, ob Paul vielleicht vor der Tür steht oder hinter der Hausecke verschwunden ist, um zu rauchen. Doch Paul ist nirgends. Er ist weg.
Nachdem Anne wieder am Frühstückstisch sitzt, sehen sich beide lange an und fragen sich stumm, was Paul aufgescheucht haben könnte.
„Ich sehe mal oben nach“, unterbricht Bernd ihr Schweigen und gibt Anne einen Kuss auf die Stirn, nachdem er aufgestanden ist.

Oben, zwei Schritte vor Pauls Tür, hört er, wie Anne ebenfalls aus dem Wohnzimmer nachkommt und jetzt unten an der Treppe wartet.

Soll er sie rufen, damit sie wie ein Zeuge am Tatort bestätigt, was er auch allein feststellt, nachdem er das Zimmer betreten hat?
Die Sporttasche ist weg sowie einige Hosen, Pullover, T-Shirts, Boxershorts und Socken, wie ein Blick in die geöffneten Schranktüren zeigt.
Bernd geht herunter und sagt es Anne, wobei sie gar nicht zuzuhören scheint, sondern mit versteinerter Miene den Handlauf des Treppengeländers umklammert.
„Bernd, ich glaube, dein Handy ist weg."
„Wie bitte?"
„Ich hab' gestern spät abends damit noch meine Mutter angerufen und es anschließend hier unten auf den Schuhschrank gelegt. Bei meinem Handy war der Akku leer."
Bernd setzt sich auf die Treppe und blickt zu seiner Frau auf. „Gut, das du deine Börse im Schlafzimmer hast. Meine liegt irgendwo in der Küche herum. War aber ohnehin nichts mehr drin."

9. Paul ist wieder weg

Dienstag. Genau vor vier Wochen ist Paul das erste Mal weggelaufen. Seit vorgestern ist er wieder verschwunden. Gestern hat Bernd erneut eine Vermisstenanzeige bei der Polizei aufgegeben.

Punkt 15 Uhr klingelt das Telefon. Stille in der Leitung, als Bernd abnimmt. Er überlegt, ob Paul die Lage zu checken versucht.

Eine Stunde später klingelt es noch einmal. Diesmal lässt Bernd den Hörer liegen und wartet ab, ob vielleicht noch auf den Anrufbeantworter gesprochen wird. Es bleibt jedoch alles ruhig.

Er hat in der vergangenen Stunde mit so vielen Leuten telefoniert, dass Paul auch das Besetztzeichen davor gewarnt haben müsste, hier aufzukreuzen.

Während er im Wohnzimmer noch immer regungslos vor dem kleinen Telefontisch steht, hängt er seinen Gedanken nach: Paul würde eine saftige Ohrfeige bekommen. Anschließend würde er mit ihm zu einer jugendpsychiatrischen Klinik fahren, von deren Existenz er in der Schule schon gehört hatte. Auch Herr Adler hatte sie erwähnt. Dort nehmen sie Paul sofort auf und können ihn vielleicht einmal gründlich auf den Kopf stellen.

Anne hat bereits am vorigen Freitag mit der Kinder- und Jugendpsychotherapeutin telefoniert und ihr von den jüngsten Ereignissen berichtet. Gestern haben sie sich im Ärztehaus getroffen. Anne und Bernd wollten möglichst viel darüber wissen, was eine solche Persönlichkeitsveränderung auslösen kann und welche Rolle Drogen dabei spielen.

„Eins ist klar“, hatte die Therapeutin zu Anne gesagt, „wenn ihr Sohn wirklich regelmäßig Drogen nimmt, muss er erst wieder clean werden, um vielleicht medikamentöse Therapien beginnen zu können und das bedeutet Entzug.“

Zum Glück kommt Anne früher nach Hause, sodass sie gemeinsam zu Abend essen können. Von den gefühlten drei Gerichten, die Bernd kochen kann, stehen Spaghetti mit Tomatensoße ganz oben.

„Pass auf, mit der heutigen Soße habe ich einen Stern verdient“, scherzt er großspurig, als sie vor den vollen Tellern in der Küche sitzen.
„Nicht schlecht, aber zu salzig, die Zwiebeln zu grob geschnitten und nicht richtig angebraten. Aber sonst prima.“
„Na, bravo“, ärgert er sich halb gespielt, da auch Anne lächelt und ihm einen Handkuss zuwirft.
„Das nächste Mal bist du wieder dran und ... übrigens Paul hat heute angerufen.“
Anne, die gerade die Gabel zum Mund führen will, nimmt den Arm wieder herunter und die aufgerollten Spaghetti fallen auf den Teller zurück.
„Nicht ganz, aber ich meine, dass er testen wollte, ob jemand in der Wohnung ist. Es hat zwei Mal geklingelt. Einmal habe ich mich gemeldet und kurz danach wurde aufgelegt.“
Anne isst zunächst weiter, dann legt sie die Gabel endgültig beiseite und wischt sich mit der Serviette den Mund ab. „Wir sollten das mit der WG für Paul vielleicht doch ernsthaft überlegen. Die Psychotherapeutin hat mir gestern zu-

geraten, als ich ihr von Pauls Wunsch, in einer WG zu wohnen, erzählt habe."

„Das hat er doch nur mal kurz in der Krise so dahingesagt. Das war doch nicht wirklich ernst gemeint", bringt Bernd mit vollem Mund heraus.

„Immerhin hat er es bei seinem Gespräch im Jugendamt wiederholt und sich vielleicht uns gegenüber nur nicht getraut, es auszusprechen."

„Anne, ich frage dich, was um alles in der Welt soll Paul veranlassen, das Leben in einer betreuten WG gegenüber einem Einzelzimmer in einem Einfamilienhaus vorzuziehen?" Bernd war mittlerweile aufgestanden, um sich Rotwein nachzugießen.

„Vielleicht schulische und daraus folgende familiäre Probleme, die er nicht mehr auf uns abwälzen möchte. So ungefähr hat es mir die Mitarbeiterin vom Jugendamt erzählt, das den Aufenthalt in dieser WG übrigens finanzieren müsste. Wir wären ebenfalls mit einem kleinen Anteil dabei."

„Na, so weit kommt es noch. Außerdem ist doch alles nur vorgeschoben. Da hat ihm irgendjemand etwas in den Kopf gesetzt, weshalb er nun darin die Lösung all seiner Schwierigkeiten sieht: keinen Stress, kein Gemecker, keine störenden Fragen. Dass er sich auch dort gewissen Regeln unterwerfen muss, scheint er auszublenden. Und überhaupt: Ist es fürs Abnabeln nicht noch ein bisschen früh?“

„Mag ja sein“, erwidert Anne. „Vielleicht ist auch alles nur ein Aufbegehren. Eben sein Aufbegehren gegen elterliche Vorschriften und vielleicht auch gegen seine Unfähigkeit, Probleme und Konflikte in der Schule lösen zu können.“

„Da ist bestimmt etwas daran“, sagt Bernd nachdenklich. Trotzdem ... ich weiß nicht.“

Anne sieht ihren Mann fragend an, da er den Kopf schüttelt, als zweifele er an seinen eigenen Gedanken.

„Was Uwe mir neulich am Telefon von Paul gesagt hat, scheint all dem zu widersprechen. Von Nähe, vom Wohlfühlen, vom Zuhausesein hat er Uwe am Rande des Umzuges erzählt und dass er das nicht verlieren möchte.“

„Hm“, murmelt Anne leise vor sich hin.

„Aber das ist vielleicht gar nicht so ungewöhnlich“, fährt Bernd fort. „Denken und Handeln können in Belastungssituationen schon mal aus dem Ruder laufen. Und bei Paul kommt ja wahrscheinlich noch eine andere Problematik hinzu: Drogen.“

Als Anne abends vor dem Fernseher sitzt, beschließt Bernd, sein Tagebuch auf den neuesten Stand zu bringen. Aber ihm geht so viel im Kopf herum, sodass er zehn Minuten braucht, um sich zu sortieren. Auch das Gespräch mit Anne ist noch nicht ganz verarbeitet.
So macht er es wie so häufig; er stellt sich Fragen:
Kann nicht ein Junge, mein Junge, der 15 Jahre alt ist, seine Probleme auf andere Art lösen? Muss man denn gleich abhauen? Von zu Hause weg?
Wie stark sind denn da noch die Bindungen? Kann man Vater und Mutter und Bruder einfach ausblenden?
Wozu ist denn eine stabile soziale Erziehung noch gut, wenn Handys und Geld der Eltern mal eben so mitgenommen werden?
Wie weit geht Paul noch und wie viel können wir noch ertragen?

Bevor Bernd ins Bett geht, wechselt er das Haustürschloss aus, das er bereits besorgt hatte.

10. Die Wirkung unterschätzt

Den elterlichen Faden nicht abreißen lassen. Das hatten sich Anne und Bernd vorgenommen und das ist es auch, was sie am heutigen Donnerstag noch einmal vom Jugendamt bestätigt bekommen haben. Bernd hatte gleich morgens angerufen und großes Glück gehabt, die mit Pauls Fall betraute Mitarbeiterin an der Strippe zu haben und für nachmittags einen Termin machen zu können.

Als Bernd dann abends in seinem Tagebuch den Besuch zusammenfasst, schreibt er am Ende

Verwahrlosung?!

hin – mit Frage- und Ausrufezeichen dahinter. Den Begriff im Zusammenhang mit seinem Sohn zu benutzen, hatten er und Anne sich erst gesträubt.

„Aber genau bei diesem Verhalten, das Sie ja selbst beschreiben, handelt es sich um deutliche Anzeichen der Verwahrlosung“, erklärte die Mitarbeiterin des Jugendamtes. „Schule ist ihm egal, seine Eltern sind ihm in bestimmten Phasen egal und vor allem seine eigene Entwicklung und seine Gesundheit sind ihm egal.“

Bernd will seinen Computer gerade ausmachen, als es klingelt.
Das schlägt ihm sofort auf den Magen. Völlig unerklärlich empfindet er Unruhe und Sorge.
Er geht ans Küchenfenster, um zu sehen, wer draußen ist.
Es ist die Polizei.
Bernd geht heraus zum Gartentor und erfährt von dem Beamten, dass Paul im Polizeirevier abgeholt werden könne.
„Er wurde hier gleich um die Ecke in der Parkstraße aufgegriffen und hat zunächst versucht, sich der Personenkontrolle zu entziehen, indem er weglief."
Während Bernd sich anzieht, versucht er, sich zu beruhigen, um möglichst ruhig und sachlich auf Paul reagieren zu können. Dann hält er kurz inne und überlegt, ob er noch Anne Bescheid sagen soll. Doch er lässt sie schlafen.

Als Bernd das Polizeirevier betritt, sieht er Paul schon von weitem durch mehrere Glastüren hindurch auf einer Bank sitzen. Nachdem er die Formalitäten hinter sich gebracht hat, geht er hinter dem Beamten zu dem Verwahrraum.

Paul hat sich bereits erhoben und steht mit gesenktem Kopf und auf dem Rücken verschränkten Händen da, als ob nun ein Urteil vollstreckt würde. Als die Tür geöffnet wird, schaut Bernd Paul fest in die Augen. Doch der weicht wie immer seinem Blick aus. Was Bernd zumindest erkennt, sind Augenschlitze mit aufgequollenen Lidern und ein blasses Gesicht. Na, wenigstens hat er nichts angestellt, ist der erste Gedanke, den Bernd hat, nachdem beide so etwas wie ein Hallo gemurmelt haben.

Es sind noch etwa 400 Meter bis zu ihrem Haus. Bernd kann sein selbst verordnetes Schweigen nicht mehr aufrecht erhalten und will Paul jetzt am liebsten zum Kuckuck wünschen. Da kommt ihm Paul zuvor, dessen Stimme nur leise von der Rückbank zu hören ist.
„Ich wollte zu der WG, wo ich die Tage übernachtet habe. Da ist nicht ständig jemand von den Betreuern da. Und ich dachte, wenn mich die Polizei erwischt, bin ich dran."
„Allerdings, denn ich habe dich als vermisst gemeldet. Und da wir gerade dabei sind: Wir müssen das hier nicht länger haben. Wenn du

wieder gehen möchtest, dann sag' uns vorher Bescheid. Ohne Lügen und Beklauen." Bernd merkt, wie ihm vor dem letzten Satz die Stimmer zittrig wird. „Probiere doch deine WG aus, wenn du es zu Hause nicht mehr aushältst."

„Nein, ich will ja bei euch wohnen. Aber manchmal, da ... da treibt's mich irgendwie wieder weg."

„Das kann ich nicht glauben", sagt Bernd und schüttelt dabei den Kopf. Den Wagen hat er inzwischen vor der Garage abgestellt.

„Du bist hier doch am Sonntagvormittag ganz planmäßig abgehauen, mit Sack und Pack. Was oder wer hat dich denn da weggetrieben? Erkläre es mir bitte!"

„Ich weiß auch nicht. – Ich habe da einen Kumpel, der hat sein Zimmer in der WG zur Zeit allein. Und ich versteh' mich ganz gut mit dem."

„Und den kannst du nicht am Nachmittag besuchen? Und du musst natürlich außerdem die Schule sein lassen, wie ich von deiner Klassenlehrerin erfahren habe. Und du brauchst natürlich Geld, das du praktischerweise gleich von zu Hause mitnimmst." Bernd redet sich in Rage, schlägt dabei einen ironisch-sarkasti-

schen Ton an, um den Ernst der Situation nicht an sich herankommen zu lassen.
„Ich hab' das letzte Mal gar kein Geld genommen."
„Wie schön! Na, dann vielleicht das nächste Mal", entgegnet Bernd und lacht bitter, während er aus dem Wagen steigt.
Im Haus angekommen, wartet Bernd in der Diele auf Paul und stellt sich ganz dicht vor seinen Sohn. „Wir reden morgen. Jetzt hau ab ins Bett und morgen gehts in die Schule!"
„Ist gut."

Er hat es erwartet, aber doch insgeheim auf das Gegenteil gehofft. Schon nach der zweiten Stunde ist Paul am nächsten Tag wieder aus der Schule verschwunden. Einfach so. Ab ins frühe Wochenende.
Tiefes Durchatmen auf beiden Seiten der Leitung, als Bernd am Freitagnachmittag die betrübliche Nachricht von Pauls Klassenlehrerin erhält. Er ahnt, was sie jetzt denkt. Er würde einem Vater oder einer Mutter ebenso raten, mal über eine andere Form der Beschulung nachzudenken.

„Ich weiß, dass Sie und Ihre Frau sich bemühen, aber ich sehe ehrlich gesagt für Paul hier bei uns an der normalen Regelschule keine Zukunft. Sie wissen sicherlich, dass es da noch andere Möglichkeiten gibt.“

Und wieder zermartert Bernd sich das Gehirn. Vor ihm auf dem Schreibtisch liegt ein ausgedrucktes Exemplar der Vereinbarung, die sie gemeinsam nach Pauls Rückkehr aus der Krisenstation aufgesetzt hatten. Eine Vereinbarung mit nur fünf kurzen Punkten, bei denen der regelmäßige Schulbesuch an zweiter Stelle steht. Von Paul fehlt allerdings die Unterschrift. Man könnte jetzt denken, es sei Absicht gewesen.

Als er Anne vorhin von dem Telefonat mit der Klassenlehrerin berichtete, schlägt sie mit der flachen Hand auf den Küchentisch.
In solchen Momenten spüren beide, wie ihre Möglichkeiten, auf Paul Einfluss zu nehmen, immer winziger werden.
Anne sieht ihn jetzt mit müdem und ausdruckslosem Gesicht an, in dem sich nur Ratlosigkeit

widerspiegelt. „Ich wette, er kommt heute wieder nicht nach Hause.“ Als Bernd nicht antwortet, fährt sie fort: „Bernd, wir müssen etwas machen. So kann es nicht weitergehen.“
„Du hast ja recht“, ist alles, was ihm dazu im Moment einfällt. Er wünschte, er könnte seiner Frau mehr sagen, vor allem mehr erklären. Eines scheint jedoch sicher zu sein: Der von vielen in seiner Wirkung unterschätzte Cannabiskonsum richtet bei Paul offenbar erheblich mehr Schaden an, als üblich. Was er im Internet über mögliche Verhaltensänderungen und Psychosen gelesen hat, war schon zum fürchten. Aber er will sich richtig sachkundig machen und sich einen Termin bei der Drogenberatung holen. Zunächst müssen sie sich mit dem Jugendamt beraten, welche Möglichkeiten sie jetzt haben.

Ein weiterer Gedanke beschäftigt Bernd, als er im Bett liegt und noch zu lesen versucht, während Anne schon eingeschlafen ist.
Soll er Anne erzählen, was Paul dem Beamten vor ein paar Tagen auf dem Polizeirevier gesagt hat, als der sich mit Paul ein wenig unterhalten

hat?: „Ich finde schon bei meinen Kumpels ’ne Möglichkeit zum Pennen. Dann brauche ich bloß ’n paar Tage zu warten und dann kann ich ja sowieso nach Hause, weil meine Eltern mich wiederhaben wollen und das nicht lange aushalten ohne mich.“

11. Stärker als ich

Ein verkorkstes Wochenende liegt hinter ihnen. Bernd und Anne konnten sich zu nichts aufraffen. Alles dreht sich um Paul.
Statt ins Kino zu gehen, hat Bernd eine Liste mit den Dingen aufgestellt, die als Nächstes zu erledigen sind. Da Paul sich nicht hat blicken lassen, wird er ihn wohl wieder als vermisst melden müssen. Zum dritten Mal innerhalb von vier Wochen. Dann hat er sich einige Anlaufstellen herausgeschrieben, vom Jugendnotdienst bis zur Drogenberatungsstelle. Er will Paul finden!
Als er sich seine To-do-Liste für die nächste Woche noch einmal durchliest, wird Bernd bewusst, dass es für ihn und Anne nur noch ein Thema gibt. Freizeit findet für sie beide nicht mehr statt und auch in den Stunden, die er in der Schule verbringt, ist er mit seinen Gedanken ganz woanders. Dann nämlich, wenn er mit gleichaltrigen Schülern ähnliche Auseinandersetzungen führen muss und mit deren Eltern gemeinsam versucht, die Sohnemänner wieder auf den rechten Pfad zu führen. Es ist anstren-

gend, so empfindet er es, die Rolle des Vaters und die des Lehrers so häufig und schnell zu wechseln und dabei nicht zwischen beiden Stühlen hängen zu bleiben.

„Mein Sohn Paul ist seit mehreren Tagen verschwunden. Ist er bei Ihnen aufgetaucht?“ Dieser Satz fällt zu Anfang beinahe jedes Gespräches, das Bernd am Telefon oder persönlich bei den einzelnen Ämtern und Einrichtungen bisher geführt hat.
Doch niemand hat Paul gesehen.
Mitte der Woche zieht Bernd Bilanz: keine Spur von Paul, aber jede Menge Ratschläge, was man denn nun tun könnte und müsste.
Haben Anne und er wirklich alles bedacht?
Sind es wirklich nur die Drogen, die zu Pauls Veränderung geführt haben?
Ein bisschen Hoffnung keimt in Bernd auf, als er am Abend zur Heinstraße fährt. Gleich in der Nähe war ja Paul nachts von der Polizei das letzte Mal aufgegriffen worden, als er auf dem Weg zu seinem Schlafplatz war. Vom Jugendamt hatte Bernd erfahren, dass sich dort wirk-

lich eine WG befindet, bei der die Betreuer wohl nicht ständig anwesend sind.
Im Hausflur sieht er Kritzeleien an den Wänden. Geräusche dringen aus den Wohnungen. Hinter einer der Türen sitzt vielleicht Paul oder wird heute Abend hier sitzen. Doch Bernd irrt sich. Nur in der Wohnung im obersten Stock befindet sich eine WG, in der Jugendliche betreut wohnen.

Bernd fährt nach Hause. Es ist bereits dunkel. Von Frühling oder gar Frühlingsgefühlen kann nicht die Rede sein. Es ist immer noch bitterkalt und seine Stimmung ist am Nullpunkt angelangt. In seiner Garage steigt er aus dem Auto und schmeißt die Tür zu. Auf dem kurzen Weg zur Hauseingangstür kramt er den Schlüssel hervor und bemerkt den Schatten nicht, der sich von der großen Tanne löst:
Paul.
Bernd will gerade das Haus betreten, als er ein Geräusch hört und sich umdreht.
„Hallo, Papa“, hört er leise Pauls Stimme. Sein Sohn steht da, die Hände in den Taschen und den Oberkörper leicht nach vorn geneigt. Er

wirkt scheu, als könne er kein Wässerchen trüben. Bernd wendet sich wortlos wieder ab und setzt sich in der Diele auf die unterste Stufe der Holztreppe. Paul kommt durch die noch offene Hauseingangstür hinterher, schließt sie betont leise und bleibt stehen.
Stille, die Bernd wie eine Ewigkeit vorkommt und die Paul anscheinend leichter erträgt.
Bernd ist es schließlich, der seinen Sohn mit einem „Na und?“ zum Reden zu bringen versucht.
Nach einer Weile beginnt er, unsicher und leise zu sprechen. Doch Bernd hört nur Gestammel, wie „... ich weiß auch nicht ... ich wollte ja eigentlich nicht …“ und so weiter und so fort.
„Quatsch nicht!“, brüllt er Paul an. Er steht auf und tritt ganz nah an Paul heran. „Warum bist du zum dritten Mal weggeblieben? Kannst du dich vielleicht noch an unsere Vereinbarung erinnern? Wenn du uns angeblich nicht wehtun willst, warum tust du es dann immer wieder?“
Zunächst starrt Paul an ihm vorbei. Die Hände hat er wieder in die Hosentaschen gesteckt, aber in seinem Gesicht ist nichts von Lässigkeit zu sehen, eher von Nachdenklichkeit.

„Es war einfach stärker“, sagt er nach einer Weile.

„Wie bitte?“

Tränen sind jetzt auf seinen Wangen zu sehen. „Ich kann es wirklich nicht erklären, ich ...“

„Na, versuch’s doch mal“, unterbricht ihn Bernd, der Mühe hat, wieder in Zimmerlautstärke zu sprechen.

„Was ist es? Sind es Drogen? Sind es deine Kumpels oder irgendjemand anderes?

„Na ... alles zusammen.“

Bernd gibt auf und hat in diesem Augenblick auch keine Lust auf verworrene Erklärungen. „Ich kann dich nicht verstehen“, stellt Bernd nach einem kurzen Moment fest und tritt einen Schritt zurück. „Doch eines sage ich dir: So kann und so wird es nicht weitergehen.“ Nach einer Pause fügt er hinzu: „Stell dir für morgen um sieben den Wecker. Ich bringe dich in die Schule.“

Bernd würde gern mit jemandem sprechen, um seine Ohnmachtsgefühle wenigstens teilen zu können. Anne kommt jedoch erst morgen von einer Dienstreise zurück. Dass sie, Bernd und

Anne, mit ihrem Latein so ziemlich am Ende sind, ist offensichtlich. Die spezielle Klinik für Kinder- und Jugendpsychiatrie, von der Bernd bei seinen Erkundungen erfahren hat, ist eigentlich der letzte Ausweg.

Als am nächsten Tag gegen 16.20 Uhr das Telefon klingelt und sich die Polizei meldet, regt sich eigenartiger Weise nichts in Bernd. Er lässt sich nichts weiter erklären, erfährt aber, dass Paul offenbar beim Klauen erwischt worden ist und bittet sich eine Stunde aus, um auf der Wache zu erscheinen. Er will in Ruhe seinen Milchkaffee trinken.
Dabei kommt er wieder ins Grübeln. Muss denn jeden Tag etwas passieren? Gab es irgendein Anzeichen auf dem Schulweg heute Morgen? Hatten wir nicht ganz normal miteinander gesprochen und uns für den Nachmittag verabredet? Reden wir nur noch aneinander vorbei?

Auf der Wache erfährt Bernd, dass Paul Zigaretten geklaut hatte, wobei er beobachtet wurde. Die Zigaretten hatte er in einen Rucksack gesteckt, der ihm – angeblich – nicht gehörte.

Pech, dass darin auch Sonnenbrillen und Hundehalsbänder zu finden waren, über die natürlich keinerlei Einkaufsbelege existierten. „Den Eigentümer des Rucksackes wollte uns ihr Sohn nicht nennen“, ergänzt der Polizist seine kurze Zusammenfassung.

Auf dem Nachhauseweg sitzt Paul stumm auf dem Rücksitz und Bernd wünscht sich, dass sie nie umgezogen wären. Aber was hätte das geändert? Wo sind, verdammt noch mal, die Stellschrauben, an denen man hätte drehen müssen, um es nicht so weit kommen zu lassen?
Paul hat auch Stärken. Das wissen Bernd und Anne und das weiß auch seine Klassenlehrerin, die es ihm gegenüber erst vor Kurzem bestätigte. Aber Schule ist abhängig von der Atmosphäre in der Klasse, von Lehrern, Freunden und Feinden. Hier finden die Auseinandersetzungen statt, hier bewährt man sich. Und hier hat Paul offenbar schwächere Karten, da er sein Verhalten in Konfliktsituationen schlechter steuern kann als andere.

Bernd ist so in Gedanken versunken, dass er den Einkauf auf dem Rückweg vergisst. Zu Hause angekommen, hat er keine Lust, noch mal loszufahren.

„Weißt du was?“, sagt Bernd zu seinem Sohn, als er vor der Garage anhält. „Du könntest ein paar Kleinigkeiten holen, eigentlich nur Butter, Margarine, ein bisschen Schnittkäse und Quark.“

„Ja, Papa.“ Paul nimmt den 20-Euro-Schein, den Bernd ihm entgegenhält.

„Und bring den Kassenzettel mit!“

12. Schrecken ohne Ende

Tagebucheintrag vom 24.3.: Es war so schön. Paul ausgeglichen, Paul freundlich, Paul pünktlich und Paul in der Schule – mit nur einem kleinen Aussetzer. Als ob es einen Schalter gäbe, der irgendwo umgelegt werden müsste, präsentierte sich Paul wie ausgewechselt. Doch nach vier Tagen ist es wieder so weit. Nach einem ausgeglichenen Wochenende mit viel Schlaf und sogar längeren Gesprächen verlässt Paul am Montag nach der ersten Stunde die Schule und kommt abends nicht nach Hause.

Anne weint, ganz leise. Für Bernd, der nur einen knappen Meter hinter ihr steht, kaum hörbar. Sie wollte sich alles durchlesen, was Bernd bisher geschrieben hat und ist nun beim gestrigen Tag angekommen.
„Schon morgens war er ungewöhnlich aggressiv und frech in seinem Ton mir gegenüber."
„Stimmt", sagt Bernd. „Sieh mal, ich hab's aufgeschrieben."
„Steck dir deine verkackten Stullen sonst wohin ... und ... ob ich meine Schlüssel habe oder

nicht, das geht dich gar nichts an!", liest Anne stockend vor.

Als sie abends im Bett liegen, greift Bernd Annes Hand, beugt sich über sie und gibt ihr einen Kuss auf das geschlossene linke Auge.
„Paul ist im Moment nicht erreichbar für uns. Er ist nicht berechenbar und muss vielleicht sogar vor sich selbst geschützt werden. Ich weiß, das klingt krass, aber der Arzt, den ich heute Nachmittag in der Klinik erreicht habe, hat uns ermutigt, Paul hinzubringen. Er meinte: „Ich weiß, Eltern tun sich oft schwer mit der Entscheidung, ihr Kind bei uns zu lassen. Aber machen Sie keine halben Sachen."
Am Ende des Gesprächs sagte er noch: „Was Sie mir da als kurze Vorgeschichte erzählen, zeigt schon, dass Sie auch koabhängig sind."
„Koabhängig?", fragt Anne ungläubig.
„Ich kannte den Ausdruck vorher auch nicht. Damit sind Bezugspersonen, also Eltern und Verwandte, aber auch Arbeitskollegen gemeint, die das Suchtverhalten des Betroffenen herunterspielen, vertuschen oder den Suchtmittelkonsum indirekt finanzieren."

„Ich hab' mich immer an die Vorstellung geklammert, dass eine gute häusliche Bindung, ein intakter familiärer Hintergrund wesentlich für eine Besserung des Zustandes von Paul sind. Diese Bindung ist doch dann zumindest angekratzt."
„Diese Vorstellung hatte ich auch und habe ich auch immer noch. Doch du hast es selbst gesagt: Wir müssen was tun!" Anne flüstert fast.

Anne und Bernd schlafen schlecht. Beide liegen abwechselnd wach, starren ins Halbdunkel des Schlafzimmers oder wälzen sich von der einen Seite auf die andere – bis zum frühen Morgen.
Gehört haben aber trotzdem beide nichts. Sie haben nicht mitbekommen, dass Paul wahrscheinlich zwischen vier und sechs Uhr im Haus war. Bernd hätte Paul besser keinen neuen Hausschlüssel gegeben. Damit sind jetzt Autoschlüssel und Wagen weg.
Bernd steht am nächsten Morgen eine Weile wie versteinert vor dem Schlüsselbrett in der Diele. Dann dreht er den Kopf ein bisschen schräg nach oben und ruft Anne.

An seinem Blick erkennt sie, dass etwas passiert ist. Das konnte sie schon immer in seinem Gesicht lesen, solange sie ihn kennt und das sind auch schon beinahe 25 Jahre.
Sie kommt die Treppe herunter und begreift zuerst nichts, weshalb sie ihn fragend ansieht.
„Na, guck doch mal, hier das Schlüsselbrett."
Anne schaut noch immer ungläubig. Doch plötzlich ist ein langgezogenes Schluchzen zu hören. Im selben Moment sieht Bernd, wie sie Halt sucht, weil offenbar ihre Beine den Dienst versagen. Mit einem Schritt ist Bernd bei ihr, um sie zu stützen und zu umarmen. Aus ihrem Schluchzen ist ein lautes Weinen, ja ein Klagen geworden, das Bernd noch nie bei Anne gehört hat.
So stehen sie ein paar Minuten, bis sich Anne wortlos aus der Umarmung löst und ins Wohnzimmer geht.
Bernd versucht, die Dinge zu ordnen und eine halbwegs nachvollziehbare Erklärung für das Geschehene zu finden. Doch unabhängig davon beschließt er, was aus seiner Sicht längst fällig ist: Es ist allerhöchste Zeit für die Kinder- und Jugendpsychiatrische Klinik.

Er ruft bei seiner Schule an und entschuldigt sich mit einer Notlüge für zwei Stunden. Dann geht er zu Anne, die auf der Couch liegt, beide Hände auf der Stirn.

„Anne, kannst du zur Polizei fahren und zwei Anzeigen machen?“

„Warum zwei?“

„Na, eine, in der wir den Diebstahl unseres Autos melden und eine Vermisstenanzeige wegen Paul.“

„Warum sagen wir denn nicht gleich, dass unser Sohn das Auto gestohlen hat?“

„Vielleicht ist er ja von Älteren vorgeschickt worden oder war sogar mit denen hier. Was weiß ich? Wenn Drogen im Spiel sind, ist alles möglich.“

„Er ist doch erst 15!“

„Eben deshalb!“

Am späten Nachmittag ist Anne wie am Boden zerstört. Sie hat sich krankgemeldet und liegt nun leise weinend wieder auf der Wohnzimmercouch. Zwischendurch wischt sie sich die Tränen aus dem Gesicht und macht sich laut

Gedanken darüber, was alles letzte Nacht hätte passieren können.
Bernd versteht Anne nur zu gut, dass im Moment die Wut durch Angst und Sorge um Paul verdrängt wird.
Von seinem Gespräch mit der Klinik erzählt er Anne noch nichts. Ohnehin muss Paul erst zurück sein. Bernd weiß nun, dass er ihn jederzeit dorthin bringen kann.

Als die Polizei sich am Mittwoch immer noch nicht meldet, ruft Bernd auf dem Revier an. Er hat nach längerem Warten den Beamten an der Strippe, der den Autodiebstahl behandelt, als es klingelt.
Es ist kurz nach vier am Nachmittag. Bernd geht mit dem Telefonhörer am Ohr zur Tür und öffnet. Auf der Hälfte des Weges zwischen Gartenpforte und Haus steht Paul. Da Bernd noch den Polizisten am Apparat hat, beendet er das Gespräch mit der Bitte, in fünf Minuten zurückrufen zu können. Dabei winkt er Paul herein. Der ist an Bernd vorbei in die Küche gelaufen und bleibt dort unschlüssig stehen. Bernd rührt sich nicht vom Fleck, die rechte Hand noch im-

mer an der Klinke der Hauseingangstür. Er sieht Paul an. „Wo ist das Auto?“, fragt er leise, doch in eindringlichem Ton. Daraufhin geht Paul die paar Schritte auf Bernd zu und gibt ihm die Schlüssel, die er schon die ganze Zeit in der Hand hält und flüstert fast, sodass Bernd sich nach vorn beugt, um ihn besser zu verstehen. „Das Auto steht am Steinberg. Es ist alles in Ordnung, bloß hinten links hat er 'nen Platten.“ Bernd sieht seinen Sohn ungläubig an. Als hätte er von einer verworrenen Geschichte nur das Ende erzählt. Doch er hat kaum erwartet, etwas Erhellendes zu erfahren. Und wie zur Bestätigung, kann Paul sich nur ansatzweise erklären.

„Eigentlich wollte ich das Handy von Mama nehmen. Das hab' ich aber nicht gefunden. Und mit dem Auto, ja, das hat sich so ergeben.“

Paul sagt es nicht etwa zynisch oder flapsig, sondern unsicher, fast selbst nach Antworten suchend. Das hält Bernd davon ab, ihm eine runterzuhauen. Stattdessen beschließt er, Paul am heutigen Tag nicht mehr aus den Augen zu lassen. Er wird Anne anrufen, sie werden alle gemeinsam zum Steinberg fahren, er wird das Rad wechseln und ihn dann in die Klinik bringen.

„Komm, wir gehen in dein Zimmer und packen ein paar Sachen zusammen. Das heißt, geh schon mal vor. Ich habe noch ein paar Anrufe zu machen.“

13. Die letzte Rettung

Bis zur Klinik sind es nur noch ein paar Kilometer. Bernd hält das Lenkrad etwas fester als notwendig umklammert. Um seine schmutzigen Finger vom geglückten Radwechsel kümmert er sich nicht.

Anne spricht Paul als Erste auf die nächtliche Autofahrt an, von der sie beide wahrscheinlich nie mit Sicherheit erfahren werden, ob Paul dabei allein war oder irgendwelche Kumpels mitgemacht haben.

Bernd betrachtet ihn im Spiegel, als sie an einer roten Ampel warten müssen. Mein Gott, denkt er, was ist mit meinem Jungen los?

Er sei fast die gesamte Strecke ohne Licht gefahren, erzählt Paul. Erst ein Polizeiwagen habe ihn per Lichthupe darauf hingewiesen. Die Frage, wie er denn überhaupt so weit gekommen ist, bleibt unbeantwortet.

Wichtig ist jetzt vor allem, dass er in der Klinik gut ankommt, er seinen Entzug macht und Hilfe bekommt.

Das Wesentliche hatte er Paul schon beim Packen vor zwei Stunden erklärt. Dieser war erstaunlich ruhig. Beinahe so, als wünschte er selbst, dass das alles ein Ende hat und er endlich weiß, was ihn umtreibt.

„Wir brauchen jetzt jemanden, der dir und uns hilft, der vielleicht herausfindet, worin die Ursachen für dein Verhalten zu finden sind“, erklärte er Paul ganz ruhig.

Nach einer guten halben Stunde haben die drei den idyllisch gelegenen Backsteinbau erreicht. Was in Paul vor sich geht, ist ihm nicht anzusehen. Er wirkt ruhig, doch man merkt, dass er innerlich angespannt ist.

Auf Annes Klingeln an der Eingangstür nähert sich ein etwa 30-jähriger Mann mit tätowierten Oberarmen und einem großen Schlüsselbund in der Hand. Das können sie durch ein kleines Fenster beobachten. Als die Tür sich öffnet, zeigt sich ein freundliches Gesicht. Der Mann begrüßt die Kleinfamilie mit einer angenehmen Stimme und bedeutet ihnen, im Vorraum Platz zu nehmen und zu warten. Die Ärztin habe noch ein Gespräch.

Jetzt hat Paul doch Muffensausen bekommen, glaubt Bernd in Pauls Gesichtsausdruck zu erkennen. Durch das fahle Licht, die Geräusche, die hier und da zu hören sind, wozu auch das Brummen der Getränkeautomaten gehört, ist eine bedrückende Atmosphäre entstanden. Was fühlt und denkt Paul in diesem Augenblick?

Die Ärztin kommt, jung und gut aussehend. Sie nimmt sich Zeit und lässt sich vom gesamten Werdegang und den jüngsten Ereignissen berichten. Zwischendurch stellt sie Fragen, auch an Paul.

Ja, er ist freiwillig hier und möchte, dass man herausbekommt, was mit ihm los ist.

„Na, dann wollen wir mal.“ Mit diesen Worten erhebt sich die Ärztin nach gut 20 Minuten und geht mit einer einladenden Handbewegung voraus. Das Gespräch wird auf der Station fortgesetzt, in der Paul für die nächsten Tage bleiben wird. Auf dem Weg dorthin beruhigen sich Anne und Bernd spürbar und auch Paul wirkt zusehends entspannter.

„Neben Gesprächen und Tests werden ein paar wesentliche Untersuchungen gleich in den ersten Tagen stattfinden“, sagt die Ärztin weiter, nachdem alle sitzen. Dazu hat sich der Stationsbetreuer gesellt. Gleiches Alter, ähnliche Tätowierungen wie der junge Mann, der uns begrüßt hat, stellt Bernd fest.

Während die Ärztin im Wechsel mit dem Betreuer spricht, hat Bernd den Eindruck, dass man sich professionell, jedoch nicht ohne Einfühlungsvermögen und Wärme um Paul kümmern wird. Dieser Eindruck verstärkt sich, als sich ein weiterer Betreuer, der gerade Spätschicht hat, vorstellt.

„Ich bin Dirk“, sagt er und gibt jedem die Hand. „Sie werden ja schon erfahren haben, dass dies eine halboffene Station mit zum Teil problematischen Kindern und Jugendlichen ist, die teilweise auch suizidgefährdet sind. Da gibt es ein paar Besonderheiten. So werden scharfkantige Gegenstände wie zum Beispiel Nagelscheren im Betreuerzimmer aufbewahrt. Zigaretten können einzeln zum Rauchen abgeholt werden.“

Paul ist hellhörig geworden. Den Blick auf seine Eltern gerichtet fragt er: „Kann ich zwei Zigaretten am Tag haben?“ Der Betreuer will es gerade notieren, als Anne ungewöhnlich scharf dazwischenfährt:

„Dass du überhaupt rauchst, ich meine Zigaretten, erfahre ich erst jetzt. Ich glaube nicht, dass wir das gut finden.“

„Vielleicht können wir das noch anschließend klären“, nimmt der Betreuer wieder den Faden auf. „Ich bin gleich fertig. Also, um sieben Wecken, um zwölf Mittagessen und um sechs Abendbrot und um neun wird in der Woche das Licht ausgemacht.“

Mittlerweile ist es fast 21 Uhr geworden. Paul ist schon aufgestanden und lässt sich sein Zimmer zeigen, in dem er mit zwei anderen Jugendlichen schläft. Bernd und Anne wollen sich ebenfalls erheben, da bittet sie der Betreuer noch kurz zu bleiben.

„Wir müssen und werden erst einmal das Cannabis aus seinem Körper herausholen. Es ist vielleicht nicht günstig, wenn wir durch ein Zigarettenverbot gleich einen zweiten Entzug bei Paul machen. Hinzu kommt, dass mehrere andere Jugendliche ebenfalls rauchen.“

„Also, einverstanden“, stimmt Bernd zu, ohne Annes Meinung noch abzuwarten. „Komm, wir sagen noch tschüss und dann reicht es auch“, sagt er zu Anne gewandt und legt ihr dabei einen Arm auf die Schulter.

Er wird sich schon zurechtfinden, denken beide, als sie die Klinik wieder verlassen und in ihr Auto steigen.

„Bernd, meinst du auch, dass wir Paul nicht abgeschoben haben?"

„Wir haben schon alles Mögliche, aber vielleicht jetzt das Richtige getan."

„Ich bin schon so gespannt, wie es ihm am Freitag geht. Ob Uwe mitkommt?"

„Das würde er bestimmt gern, aber er muss seinen Besuch wegen einer Gefechtsübung verschieben."

Die letzten zwei Tage sind wie im Fluge vergangen, vielleicht, weil das Grübeln, das Warten und die Ungewissheit einen nicht ständig begleitet haben. Anne sieht auch wieder besser aus, stellt Bernd mit einem kurzen Seitenblick fest. Nur noch ein paar Minuten, dann sehen wir Paul wieder.

„Einen schönen Gruß übrigens von Pauls Klassenlehrerin", sagt Anne, die bisher still aus dem

Fenster geguckt hat. Sie verspricht, sich um einige Arbeitsblätter zu kümmern."
„Und, was hat sie gesagt?"
„Na ja, dass das wohl für Paul im Moment das Beste sei."
„Ja, im Moment. Aber was kommt danach? Ich denke, eine Rückkehr an seine alte Schule steht nicht zur Debatte. Wir reden noch mal mit dem Jugendamt über eine alternative Schulform. Denn wenn Paul nicht bald beschult wird, fängt er ab August wieder in Klasse acht an. Wie das an seinem Selbstwertgefühl kratzt, kann ich mir vorstellen."

Eine Betreuerin macht auf Annes Klingeln die Tür auf. Paul steht schon hinter ihr, fertig angezogen und mit einem offenen Lächeln im Gesicht. Er freut sich sichtlich und hat Hunger mitgebracht, wie er seinen Eltern gesteht, nachdem er sie mit einem Küsschen auf die Wange begrüßt hat. Anne hat zuvor angerufen und angekündigt, dass sie alle zusammen essen gehen.
Bei einem Italiener, den Bernd gleich in der Nähe entdeckt hat, machen sie halt. Paul

macht einen ausgeglichenen und entspannten Eindruck, während er von seinem Tagesablauf erzählt.

„Ein bisschen langweilig ist es schon. Aber ich komme klar und die Betreuer sind nett und das Essen nicht schlecht."

„Ihr habt auch eine Art Schule, wie ich von der Leiterin erfahren habe."

„Na ja, zwei Stunden am Vormittag. Es kommt ein Lehrer auf die Station, verteilt unterschiedliche Arbeitsblätter und redet mit uns."

„Paul, können wir noch mal auf Mittwoch zu sprechen kommen?"

„Mhm."

„Hast du eigentlich keine Angst vor Strafen oder anderen Reaktionen gehabt hat, als du mit dem Auto davongefahren bist oder die anderen Sachen gemacht hast?"

„Ich weiß es nicht mehr. Ich hatte einfach Lust, mit dem Auto zu fahren."

Anne will noch etwas erwidern, lässt es dann aber und sieht Bernd an.

Bernd nickt ihr langsam zu und muss daran denken, wie er noch vor etwa vier Wochen mit Paul einen großen Parkplatz vor einer stillgelegten Ziegelei aufgesucht hat. Paul hatte so gebettelt, doch endlich mal fahren zu dürfen.

Bevor sie ihn wieder abliefern, will er noch eine Zigarette rauchen, da es ab 21 Uhr drinnen nicht mehr möglich ist, wie er sagt. Also gestatten Bernd und Anne ihm, dass er sich auf dem Innenhof vor der Klinik noch eine ansteckt. „Ich glaube“, sagt Anne, „es ist das erste Mal, dass wir ihn rauchen sehen und ich für meinen Teil denke an alles andere als an Pauls Gesundheit.“

14. Ausfahrt

Es ist ein frühlingshafter Sonntag, sodass Bernd seine Yamaha rausgeholt hat, um damit zu Paul in die Klinik zu fahren. Ein wenig durchgefroren trifft er noch während der Mittagszeit ein. Ein Fenster geht auf und Paul bedeutet ihm mit einer Hand, dass er noch fünf Minuten benötigt.

Eine Fahrt zum See in der Nähe hat sich Bernd vorgenommen, ein bisschen spazieren gehen und vielleicht reden.

Paul kommt herausgestürzt und will sofort auf die Maschine springen.

„Hey, erstmal guten Tag und nimm den Helm!"

„Hallo, Papa", grüßt Paul, bevor er das Visier herunterklappt.

„Willst du nicht wissen, wo wir hinfahren?"

„Egal, bloß weg hier!"

Der im Frühling sicher reichhaltige Uferbewuchs des Sees steckt irgendwie noch in den Startlöchern. Einen trostlosen Eindruck machen auch die nahen Gärten, in denen kaum ein Farbtupfer zu sehen ist.

Doch das stört die beiden nicht.
Fast 30 Minuten hat ihre kleine Runde nun schon gedauert. Für Paul eigentlich eine Ewigkeit, denkt Bernd.
Sie reden über Angeln, Motorräder und die Luft an der Ostsee. Paul ist anzumerken, dass ihm der Spaziergang guttut. Das Angebot, in einem Biergarten Eis zu essen oder etwas zu trinken, lehnt er dankend ab.
Am Dorfanger sieht man ringsherum alte, aber gepflegte Häuser. Bernd setzt sich auf eine Bank und hofft, mit Paul noch ein paar Worte zu wechseln. Doch Paul setzt sich nur kurz zu ihm und steht nach wenigen Augenblicken wieder auf.
„Lass uns mal ‚speed‘ fahren, ja?“
„Wir haben doch noch Zeit,“ versucht Bernd seinen Sohn zum Bleiben zu bewegen.
„Ach, komm doch, Papa!“
„Na, gut“, lässt sich Bernd breitschlagen, obwohl er sich vorgenommen hatte, dies nicht mehr zu tun.
Sie machen einen weiten Bogen über einige Dörfer im Norden der Stadt und fahren dann zurück in die Klinik.

Als Paul den Helm abnimmt, erkennt Bernd sogar ein wenig Bräune in seinem Gesicht – und dass er älter geworden ist.

„Paul hat noch immer erhöhte Cannabiswerte im Blut“, zieht die Ärztin nach einer Woche Aufenthalt Bilanz.
„Das wird weiter kontrolliert. Wenn die Werte wieder im Normbereich sind, kann auch das EEG* gemacht werden. Das schon vor Jahren angefertigte, welches Sie noch nachgereicht hatten, ist unauffällig. Zu sehen ist bei Paul allerdings eine schwankende psychomotorische Unruhe, die wir weiter beobachten. Vielleicht ist da eine medikamentöse Therapie angezeigt.“
Sofort macht es Klick bei Bernd. Er muss an früher denken, als Paul so in der dritten Klasse der Grundschule war und sich die Beschwerden häuften. Ein Brief über zwei Seiten von seiner damaligen Klassenleiterin ist ihm besonders in Erinnerung geblieben, da sie ihm gera-

* Elektroenzephalogramm: Damit kann man die elektrischen Gehirnströme messen.

de heraus für Paul die Einnahme von entsprechenden Tabletten empfohlen hatte.
Natürlich hätten sie diesen Weg wählen können, aber wollten sie Paul auf diese Weise ruhigstellen? Gab es keine Alternative?
Eine Vermutung äußert die Ärztin noch: „Pauls früheres Asthma sowie die damit verbundene ständige Sorge um ihn könnte seine emotionale Entwicklung beeinträchtigt haben. Ein Zuviel an Fürsorge bedeutet manchmal auch, dass das Kind später Probleme hat, sich auch in andere Menschen hineinzuversetzen."

Am Abend setzt sich Bernd wieder einmal an den Computer, um sein Tagebuch zu vervollständigen. Neben dem, was inzwischen mit Paul und ihnen selbst geschehen ist, haben sich auch eine Fülle von Fakten ergeben und Informationen angesammelt, die Bernd unbedingt aufarbeiten will.

Über eine Stunde haben wir heute in der Klinik zusammengesessen. Vieles ist noch unklar, doch ein Anfang ist gemacht. Wir fahren mit Paul noch in ein Café, wo wir draußen sitzen können. Er macht heute nicht den entspannten Eindruck wie letzten Freitag, eher ein wenig gehetzt, unruhig. Andere Sachen sind ihm wichtiger, wie z. B. ein x-beliebiges Video, dass wir für ihn ausleihen sollen oder seine Zigaretten, die wieder aufgebraucht sind. In dieser Situation hat es keinen Zweck, ihn mit unseren Überlegungen zu behelligen. Aber er möchte das Schuljahr schaffen.

Wahrscheinlich wird man nie die ganze Komplexität von Ursachen erfassen können. Wobei ich das schon gern täte, denkt Bernd.
Man will das Übel eben irgendwie benennen, um dagegen vorgehen zu können. Auf jeden Fall braucht Paul erst mal Stabilität, die durch eine weitere Beobachtung und psychologische Betreuung gewährleistet werden müsste.

Bernd schüttelt den Kopf, nachdem er alle Tagebucheinträge noch einmal überflogen hat. Anne ist schon ins Bett gegangen. Sie wollte noch Uwe anrufen und ihm alles erzählen.

ENDE